유튜브로 놀면서
매달 500만원만 벌면 좋겠다

유튜브로 놀면서

매달 500만원만
벌면 좋겠다

조관일 지음

 쌤앤파커스

1인 크리에이터의
작업실 풍경

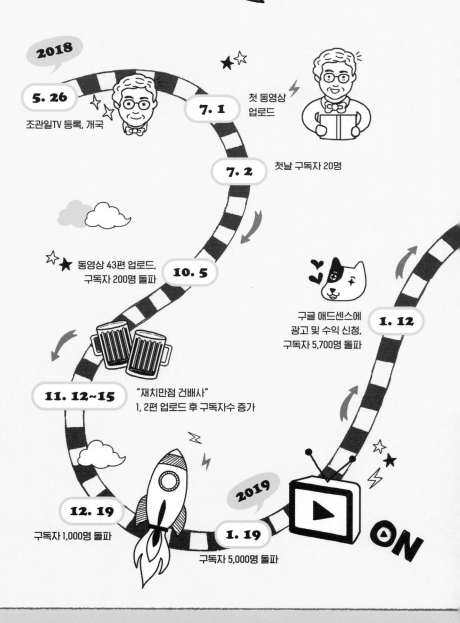

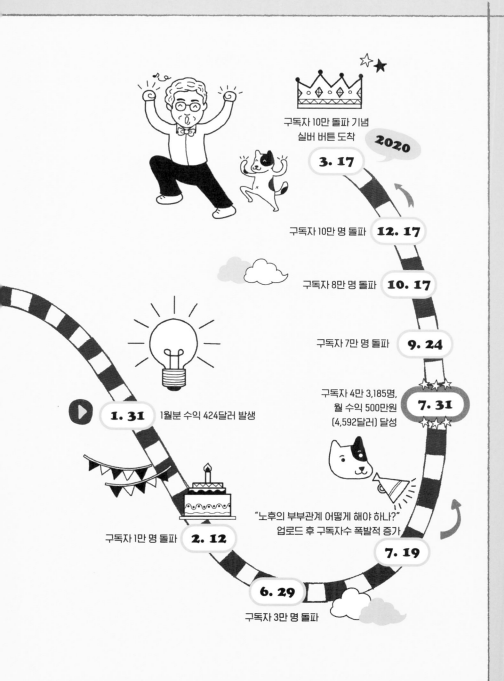

구독자 10만 돌파 기념
실버 버튼 도착

2020

3. 17

구독자 10만 명 돌파 **12. 17**

구독자 8만 명 돌파 **10. 17**

구독자 7만 명 돌파 **9. 24**

구독자 4만 3,185명,
월 수익 500만원
(4,592달러) 달성 **7. 31**

1. 31 1월분 수익 424달러 발생

"노후의 부부관계 어떻게 해야 하나?"
업로드 후 구독자수 폭발적 증가

7. 19

구독자 1만 명 돌파 **2. 12**

6. 29

구독자 3만 명 돌파

10만 구독자 돌파, 535일간의 도전

2019년 12월 17일, 화요일이었습니다. 새벽 5시쯤 잠에서 깬 나는 누운 채 손을 뻗어 머리맡의 휴대폰을 끌어당겼습니다. 그러곤 설레는 마음으로 휴대폰을 켰습니다. 오랫동안 고대하던 게 있었으니까요. 캄캄한 방 안, 휴대폰 화면에서 퍼져 나오는 빛이 눈부셨습니다. 나는 실눈을 뜨고 유튜브의 '내 채널'을 확인했습니다.

100,053.

"굿~!"

나는 나지막하지만 힘 있는 한마디를 환호처럼 내뱉었습니다. 얼마나 갈망했던 숫자인가요. 드디어 유튜브 구독자 10만 명을 달성한 것입니다. 유튜브를 시작한 지 1년 5개월 17일, 그러니까 535일 만의 일입니다.

그날 오후, 동네 커피숍에서 지인들을 만났습니다. 이런저런 이야기 끝에 대화는 자연스럽게 유튜브 구독자 10만 명 달성에 관한 것으로 이어졌습니다.

"대단하네요. 축하합니다."

그들은 일흔이 넘은 나이에 '자기계발'이라는 딱딱한(?) 콘텐츠로 10만 구독자를 달성한 것은 쉬운 일이 아니라 했습니다. 빠르게 일궈낸 성과라며 칭찬했습니다. "그럼 수입이 얼마나 되냐?"며 부러워했습니다. 자고로 "칭찬은 고래도 춤추게 한다"지 않습니까. 그들의 칭찬에 신이 난 나는 얽히고설킨 스토리를 무용담처럼 털어놨습니다. 알게 모르게 고생하며 그동안 쌓였던 스트레스를 풀기라도 하듯이 말입니다. 내 이야기에 맞장구를 치던 그들이 말했습니다.

"그 스토리로 책을 쓰시죠."

그 순간 마음속에서 일종의 '거부반응'이 일어났습니다. 지금까지 많은 책을 쓰면서 지쳐 있었기 때문입니다. 54번째 책을 끝으로 "이제 책쓰기는 그만!"이라고 가족들에게 선언까지 했는데 또 책을 쓴다? 그래서 머리를 절레절레 흔들었지만 그들의 부추김에 내 마음이 흔들렸습니다. 40년 동안 무의식적으로 학습된 책쓰기 DNA가 작동했습니다. 이 책은 그렇게 잉태됐습니다.

유튜브에 대한 환상이 아닌 현실적인 조언

★

유튜브가 대세랍니다. 초등학생부터 직장인, 가정주부, 은퇴자에 이르기까지 너도나도 "유튜브"를 외칩니다. 이 특이한 세상을 기웃거립니다. 그러니 그것을 다룬 책이 많이 나오는 것은 당연합니다. 이미 충분히 나왔습니다.

'이런 상황에서 내가 또 책을 써?'

아무리 유행이고 대세인 아이템이라도 벌써 많은 책이 나와 있다면 구태여 한 권을 보탤 필요는 없습니다. 사정은 출판사도 마찬가지일 것입니다. 그럼에도 사람들이 나의 스토리로 책을 써보라고 권하는 것은 '뭔가' 나만의 영역, 나만의 스토리가 사람들에게 어필할 것이라는 느낌이 있어서일 것입니다.

지인들과 헤어진 후 며칠 동안 그 권고를 곱씹으며 상황을 점검했습니다. 유튜브를 처음 시작하기 위해 1년 반 전에 읽었던 책들을 다시 꺼내 훑었습니다. 정말 아무것도 모르고 뛰어들었던 그때가 엊그제 일처럼 뇌리에 살아났습니다. 끙끙거리며 채널을 개설하고, 동영상을 편집해 올리는 과정에서 문제가 생겨 어쩔 줄 몰라 하던 '참담한 노인'의 모습이 선명히 그려졌습니다.

'그래 맞아. 참 힘든 과정이었어.'

그런 생각에 이르자 유튜브를 하고는 싶은데 어디서부터 어떻게 시작해야 할지 몰라 포기하거나 전전긍긍하는 이들이 많다는 사실이 떠올랐습니다. 그들에게 내가 걸어온 발자취, 나만의 스토리를 들려주는 것도 의미 있고 보람되겠다 싶었습니다. 특히 유튜브에 대한 환상을 깨뜨리고 현실에 바탕을 둔 진솔한 조언을 들려주고 싶었습니다.

환상이란 다름 아니라, 유튜브를 하면 엄청난 일이 벌어질 것 같은 착각을 말합니다. 그동안 대부분의 책들이 제목에서부터 환상을 갖게 했음을 부인하기 힘들 것입니다. 물론 출판사나 저자의 의도는 그게 아닐 수도 있지만 결과는 그렇습니다.

"한 달 수입 수억" 또는 "몇 년 만에 수십억"이라는 문구에 유튜버 지망생들은 '뿅' 갑니다. 세상에 이런 세계가 있다니! 당연히 환상을 가질 수밖에 없습니다. 그러니 우리나라 초등학생들의 장래희망에 유튜버(크리에이터: 이하 유튜버와 크리에이터를 형편에 따라 혼용합니다)가 5위 안에 들고, 성인 남녀의 63%가 유튜브를 시도할 의도가 있다는 조사 결과가 나오는 겁니다. 잘만 하면 한 달에 수억을 벌 수 있다는데 누가 그 꿈을 말리겠습니까.

과연 한 달 수입이 수억, 아니 수천만 원에 이르는 유튜버가 몇 사람이나 될까요? 누구나 도전하면 된다는 식으로 말하지만 아무나 되는 건 절대로 아닙니다. 이는 마치 수십만 명의 자영업자 중에 크게 성공한 사람, 또는 '달인'이 되는 비율과 비슷할 것입니다. 머리 싸매고 취업에 성공한 직장인 중에서 이름난 CEO가 되는 것과 비슷할지도 모릅니다. 그런데 환상을 갖고 모두들 그 길로 가라고요? 그건 아니죠.

제2의 직업을 만들고 싶은 사람들에게

★

현실로 돌아가봅시다. 어쩌면 유튜브를 시도하는 사람들의 90% 이상이 '수억 원은 고사하고 매달 500만 원만 벌었으면 좋겠다'고 생각할지 모릅니다. 더구나 직장을 퇴직하고 노후에 직면한 사람들은 그마저도 꿈같은 목표로 다가올 것입니다. 그들은 "100만 원에서 200만 원만 벌어도 좋겠다"고 말합니다. 내가 만났던 많은 이들이 그렇게 소망했습니다.

실제로 취업 포털 '사람인'이 조사한 것을 보면, "만약에 유튜버를 한다면 한 달 평균 396만 원 정도를 벌고 싶다"고 응답한 것으로 나타났습니다.

'매달 396만 원?'

그 정도라면 내가 설득력 있게 말할 것이 있습니다. 내가 경험하고 느낀 것들이 그들에게 거창한 환상이 아니라 현실로 받아들여질 수 있을 것입니다. 무엇보다도 칠순의 나이에 혼자서 동영상을 찍고 편집을 하고 유튜브에 올리는 완벽한 1인 체제로 여기까지 왔기에 용기를 줄 수 있을 것 같습니다. 즉, 내가 했으니 여러분은 더 잘할 수 있다는 것입니다.

본문에서 상세히 설명하겠지만 유튜브에 대해 전혀 문외한이던 사람이 아르바이트 학생에게 단 4시간을 배운 후 혼자서 동영상을 촬영하고 편집하여 제작하는 과정은 정말로 머리에 쥐가 날 지경이었습니다. 그토록 많은 이들이 유튜브를 한다지만, 막상 어떤 문제가 발생했을 때 그것을 해결해줄 사람이 주위에 없었습니다.

막막한 길을 혼자 뚫으며 여기까지 오는 동안 내가 겪었던 경험은 유튜브의 세계에 발을 들여놓을 초보자에게 실감나게 다가갈 것입니다. 나처럼 문외한인 채로 출발하는 사람들에게는 오히려 가려운 곳을 정확히 짚어 시원하게 더 잘 긁어줄지 모릅니다.

나이가 젊고 기술적으로 유능한 유튜버가 보기엔 매우 어설픈 내용일 수 있습니다. 불과 며칠 사이에 구독자 10만 명을 훌쩍 돌파하는 유명 유튜버에게는 나의 실적과 스토리가 보잘것없을 수 있습니다. 그러나 한 발짝 한 발짝 미지의 세계를 탐험하는 것 같은 과정 속에서 적지 않은 시행착오를 겪었기에, '다시 유튜브를 시작한다면 이렇게 하겠다'는 심정으로 모든 스토리를 탈탈 털어 공개합니다.

유튜버를 꿈꾸는 독자로서는 성급한 마음에 후다닥 요령만 간단히, 그리고 결론만 듣고 싶을지 모릅니다. 그러나 축약된 요령이 뼈라면, 얽히고설킨 에피소드와 곁들인 설명은 살이 되고 피가 됩니다. 그것을 읽는 것은 온전한 유튜버가 되는 숙성의 과정입니다. 돌아가는 것 같지만 오히려 빠른 길입니다.

앞서간 사람의 경험담을 꼭꼭 씹어 읽노라면 유튜버로서의 꿈이 서서히 현실로 드러날 것입니다. 그러니 쓸데없는 잔소리라며 경중경중 건너뛰지 마시고 천천히 음미하면서 읽으시기 바랍니다. 그런 인내심 없이 유튜버로 성공하기는 어렵습니다.

아무쪼록, 535일간의 스토리와 경험에서 우러난 조언이 환상이 아닌 소박한 꿈으로 유튜버가 되고자 하는 사람들에게, 특히 나이 들어서 제2의 직업을 갖고 싶지만 엄두를 못 내는 사람들에게 영감과 용기를 안겨주길 기대합니다.

그리하여 '저 사람이 저렇게 했다면 나는 더 잘할 수 있겠다'는 자신감으로 새로운 길을 개척하길 소망합니다.

2020년 6월
조 관 일

4부 방송은 이렇게 한다 | 시청자의 관심을 사로잡는 법

1부

마음 정하기

★

결단하라,
새로운 세상이 열린다

시도해보세요. 그러면 세상이 움직입니다. 결단하면 새로운 세상이 열립니다. 유튜브가 별건가요? 동영상 찍어서 올리는 겁니다. 그렇게 쉽게 생각하세요. 초등학생 꼬마들도 얼마나 잘하던가요. 하물며 인생을 훨씬 오래 살아온 당신이라면 훨씬 더 잘할 수 있습니다. 누구든 하면 할 수 있습니다. 자신감을 갖고 도전해보세요. 제2의 직업을 스스로 만들어낼 수 있습니다.

1

우연히 맞닥뜨린
유튜브 세상

"박사님, 왜 유튜브를 안 하세요?"

2년 전쯤(2018년 5월경)의 어느 날입니다. 자주 만나는 후배 강사들과 어울렸을 때 L강사가 따지듯이 던진 질문입니다. 할 만한 사람이 왜 안 하느냐는 의문이겠죠.

"그거 해서 뭐하는데?"

이것이 후배의 질문에 대한 내 대답이었습니다. 후배로서는 의외의 반응이었을 겁니다. 그때까지만 해도 나는 유튜브 앱조차 휴대폰에 깔려 있지 않았습니다. 어쩌다 아는 이들이 카톡으로 보내주는 재미난 영상을 클릭해서 보는 게 전부였습니다. 가수 싸이의 말춤을 그걸로 봤고, 몇몇 가수들의 노래를 그걸로 배웠습니다. 그러기에 내 머리에 입력된 '유튜브'는 그렇고 그런 영상들이 올라와 있는 플랫폼 정도였습니다.

따지고 보면 우리가 안다는 게 얼마나 폭이 좁은 건지 모릅니다. 모두들 자신의 창문을 통해서만 세상을 봅니다. 그러고는 그것이 세상의 전부라고 확신합니다. 착각이죠. 명색이 박사요, 수많은 기업에서 수많은 강의를 한 나이지만 유튜브에 대한 상식과 선입견은 정말 무식의 경지였습니다. 어쩌면 70대의 꼰대로서는 당연한, 좋게 봐서 정상적인 수준이었을 겁니다.

내가 유튜브에 대하여 전혀 문외한이었다고 말하면 대부분 "에이, 설마?"라고 되묻습니다. 책을 50여 권이나 쓴 사람이 어찌 그럴 수 있냐며 과장된 겸손이나 거짓말로 받아들입니다. 솔직히 밝히는데도 인정을 안 하니 속상합니다. 그러나 분명한 증인들이 있습니다. 그날 자리를 함께했던 그 후배들이 증인입니다.

누구나 마찬가지입니다. 모르면 모르는 겁니다. 빌 게이츠^{Bill Gates}가 '펭수(EBS TV 프로그램 〈자이언트 펭TV〉에 등장하는 펭귄 캐릭터)'까지 다 알 수는 없는 것 아닙니까. 모른다고 이상한 게 아니잖습니까.

더욱이 지금 상황에서 판단하면 안 됩니다. 불과 2년 전만 해도 유튜브에 대한 일반적인 분위기가 그랬습니다. 지금은 70대 이후 세대에게도 유튜브가 상식이 됐지만 그땐 그랬습니다. 그러니까 유튜브가 대중에게 크게 알려지기 시작할 무렵의 이야기입니다. 최근 2~3년 사이에 크게 확산한 현상이니까요.

금방 돈을 벌 수 있다고?

★

나의 반응에 후배는 놀라는 표정이었습니다. '백문이불여일견'이라 생각했는지 그가 휴대폰을 꺼내 유튜브 동영상 하나를 보여줬습니다.

"이거 보세요. 이렇게 하면 되는 건데요."

그가 선택한 것은 유명한 강사 김미경 원장의 동영상이었습니다. TV나 강의를 통해 큰 인기와 파워를 갖고 있는 그의 동영상은 내게 친숙하게 다가왔습니다. 같은 산업교육계에 있는 사람으로서 직접 대면한 적은 없지만, 먼발치에서 여러 번 봤고 그의 글을 내 책에 인용한 적도 몇 번 있으니까요.

유튜브 속에서 김 원장은 특유의 달변으로 강의를 하고 있었습니다. 잘 꾸며진 방송국 스튜디오도 아니고, 평범한 서재 같은 곳에서 마치 친구와 수다를 떨듯 편안하게 말했습니다. 그것은 전혀 새로운 세계였습니다.

"아니, 이런 거야?"

후배 강사는 나의 무식한(?) 반응에 한편으로는 의아하고 한편으로는 우월감을 느꼈는지 신바람이 난 어조로 나를 압박했습니다.

"그러니까 박사님도 할 수 있어요. 하세요."

"그동안 쓰신 책 내용으로만 방송해도 금방 돈을 벌 수 있을 텐데요."

뭐라고? 돈? 금방 돈을 벌 수 있다는 말에 귀가 번쩍 열렸습니다. 역시 가장 효과 빠른 설득법은 '돈'입니다(너무 속물스럽다고 나무라지 마세요).

"이거 재밌겠는데…."

내 마음이 흔들리는 것을 알아차리고 동석한 후배들이 추임새를 넣었습니다.

"해보세요. 김미경 원장님보다 더 잘하실 수 있을 거예요."

턱도 없는 비교지만 칭찬은 고래를 춤추게 합니다. 결국 내 마음이 슬슬 춤추기 시작했습니다.

"그럼 나도 한번 해볼까?"

나의 유튜브는 이렇게 시동을 걸었습니다. 의외의 장소에서, 의외의 기회에 새로운 세상을 만난 것입니다.

2

선입견과
고정관념이 문제다

집으로 돌아오는 지하철 안에서 김미경 원장의 다른 동영상을 봤습니다. 조금 전 후배가 깔아준 유튜브 앱을 통해서 말입니다.

　동영상을 보면서 문득 까마득히 잊고 있었던 에피소드가 되살아났습니다. 4~5년 전, 내가 전국 산업강사들의 모임인 한국강사협회 회장으로 일하던 때, 임원이던 K가 회식 자리에서 유튜브를 하라고 권고한 적이 있었던 겁니다. 그러나 술잔을 돌리기 바빴기에 "어, 알았어" 건성으로 말하고 흘려버렸던 거죠.

　또한 3년 전쯤 후배 강사들과 제주도에서 송년 워크숍을 가졌을 때, (또 다른) L강사가 휴대폰으로 동영상을 찍으며 그 상황을 유튜브에 올리겠다고 했던 기억이 살아났습니다. 그러니까 4~5년 사이에 유튜브의 문을 열 좋은 찬스가 바로 옆에 왔던 겁니다. 그걸 그냥 지나친 거죠. 바로 선입견 때문입니다.

역시 선입견이 문제입니다. "이게 뭐야?" "젊은 친구들이 장난하는 거구만" "연예인들이 자기 홍보하는 거잖아" "전문적으로 이걸로 사업 하는 사람들이나 하는 거지" "저런 거 할 시간 있으면 책 한 권을 더 쓰겠다"…. 이런 선입견과 고집이 내 의식의 문을 꽉 닫고 있었으니 기회가 곁을 맴돌아도 보이지 않고 느껴지지 않았던 겁니다. 그때야말로 유튜브 초기 시대였습니다. 진작 했으면 지금쯤은 베테랑이 됐을 거라는 아쉬움을 뒤로하며 지하철을 빠져나왔습니다.

결단하면 길이 보인다

★

여러분도 혹시 어떤 선입견에 사로잡혀 있는 건 아닌가요? 스스로 점검해보시죠. 유튜브를 아십니까? 알려고 해보셨습니까? 얼마나 아십니까? 종종 동영상을 본다고요? 그렇다면 유튜브 세상을 조금은 아시겠군요. 중요한 것은 그다음입니다.

"보는 건 할 수 있지만 내가 동영상을 올리기는 힘들지."
"할 꺼리(콘텐츠)가 있어야 하지."
"무엇보다도 난 말솜씨가 없어서."
"나이 들어서 컴퓨터 다룰 줄도 모르는데."

"내 이야기를 담은 동영상을 누가 보겠어."

"그게 쉽다면 다른 친구들이 왜 안 하겠어."

내가 주위 사람들에게 유튜브를 해보라고 권할 때마다 숱하게 들은 말입니다. 이렇게 생각하는 사람이 의외로 많습니다. 비교적 젊은 사람은 저 항목들에 적게 해당되지만 나이 든 퇴직 세대는 거의 모든 항목에 해당됩니다.

이것이야말로 선입견입니다. 최근 2~3년 사이에 유튜브에 대한 이야기가 워낙 넘쳐나서 많은 이들이 유튜브 세상을 알고 있으면서도 단지 시청자로만 머물며 자신이 직접 하지 않는 이유는 바로 저런 선입견 때문입니다.

선입견은 핑계입니다. 고정된 관념이며 쓸데없는 고집입니다. 자기합리화라 할 수도 있겠네요. 이것을 버려야 결단할 수 있습니다. 생각을 바꾸는 것이야말로 유튜브에 뛰어드는 첫걸음이요, 결단하는 것이 유튜브로 성공하는 으뜸 조건입니다. 결단하면 길이 보입니다. 생각을 바꾸면 안 되는 이유가 되는 이유로 바뀝니다.

3

가장 먼저
던져야 할 질문

결단을 하려면, 아니 유튜브를 하려는 결심을 굳히려면, 가장 먼저 자신에게 던져야 할 질문이 있습니다.

"유튜브를 왜 해야 하지?"

이 질문에 대한 답이 분명해야 확실히 결심할 수 있습니다. 그래야 흔들리지 않고 꾸준히 할 수 있습니다.

"왜 유튜브를 해야 하지?"

나는 이 질문을 던질 겨를도 없이 후배들의 권고에 따랐습니다. 솔직히 이 나이에 기계적이고 기술적인 작업을 한다는 것이 마음에 썩 내키지 않았습니다. 그것을 해야 할 절실한 이유도 없었습니다. 책을 쓰고 강의를 하는 것만으로도 체력의 한계를 느낄 정도였기에 이제는 슬슬 일을 줄일 생각이었으니까요.

그런데 사람에게는 자존심이란 게 있잖습니까. 만약 그것을 하지 않으면 후배들에게 늘 "도전하라"며 열정을 강조한 사람으로서 이중적 행동을 보이는 것 같은 자격지심이 발동했습니다. 말과 행동이 다른 사람이 될 것 같았습니다. 거기에 더해, 호기심 많고 일 욕심 많은 나의 성격이 '이것도 한번 해봐?'라며 동기부여로 작용했습니다.

절실한 욕망과 끈질김이 있는가?

★

유튜브를 하면서 나중에 알았습니다. 유튜브를 한다는 것이 결코 쉬운 일이 아니기에 그것을 해야 할 이유를 확고히 해야 한다는 것을 말입니다.

"왜 유튜브를 해야 하지?"

이 질문을 자신에게 던지고 확고한 대답을 할 수 있어야 흔들림 없이 정진할 수 있습니다. 취업 포털 '사람인'이 우리나라 성인 남녀를 대상으로 설문조사한 것을 보면, 유튜브에 관심을 갖는 이유 중 으뜸이 '관심 있는 콘텐츠가 있어서'였습니다.

이어서 '재미있게 할 수 있을 것 같아서' '미래가 유망할 것 같아서' '직장인 월급보다 많이 벌 것 같아서' '말솜씨 등 관련 재능이 있어서' '주위에서 많이 도전하는 것 같아서' '취업보다는 쉬울 것 같아서' '평생 할 수 있을 것 같아서' 등의 순서였습니다("성인 10명 중 6명 '유튜버 꿈꾼다'…月 기대수입 396만 원', 뉴시스, 2019. 10. 21).

　　물론 이들 중 하나의 이유만으로 유튜브에 도전하지는 않습니다. 여러 이유가 복합적으로 작용하겠죠. 그러나 이런 이유들보다 더 중요한 것은 얼마나 절실한 욕망을 갖고 있느냐, 얼마나 끈질기게 도전할 수 있느냐입니다. 그러니까 "왜 유튜브를 해야 하지?"라는 질문보다는 "절실한 욕망과 끈질김이 있는가?"를 스스로에게 묻고 "예스"라는 답을 내릴 수 있을 때 이 길로 들어서길 권합니다.

제2의 직업으로 수입을 올리고 싶은가?

★

'요리' '음식 만들기'라면 가장 먼저 떠오르는 사람이 아마도 백종원 대표일 겁니다. 사업가이면서도 TV 방송국의 '연예대상' 후보로까지 오른 사람이니 그가 유튜브를 하는 것은 자연스런 일입니다. 유튜브를 하려는 사람들에게 그가 이런 조언을 했습니다.

> "장래희망이 유튜버인 분들이 있던데, 잘못됐다고 생각한다. 누
> 군가와 공유하고 기록을 남기고 싶어서 한다면 권하겠지만, 수
> 익이나 돈벌이로 생각하면 위험하다."
>
> "백종원이 유튜브 시작한 진짜 이유", ZDNet Korea, 2020. 1. 31

이 말은 반은 맞고 반은 틀리다고 생각합니다. 우선 '장래희망'을 유튜버로 정한 사람들에게 잘못됐다고 조언한 것은 매우 의미 있습니다. 전폭적으로 동의합니다. 요즘 젊은 세대, 아니 초등학생들까지 장래에 꿈꾸는 직업의 하나로 유튜버를 꼽는데 이것은 위험한 발상입니다. 극히 소수, 예컨대 특별한 재능을 가졌거나 특정 분야에 뛰어난 사람을 제외하고 그렇게 인생을 걸 만한 일은 못 된다고 보기 때문입니다.

그리고 다음 의견, '누군가와 이야기를 공유하고 기록을 남기고 싶어서 한다면 권하지만 돈벌이로 생각하면 위험하다'는 데에는 약간의 이견이 있습니다. 물론 그분의 생각은 훌륭합니다. 그러나 유튜브를 돈벌이로 생각하기보다 이야기를 공유하고 기록을 남기는 것에 만족할 수 있는 사람이 몇이나 될까요?

아마도 당신은 이미 페이스북이나 블로그 또는 인스타그램 등을 통해 SNS 활동을 하고 있을지도 모릅니다. 만약 그렇다면, 그것을 통해 당신의 이야기를 남들과 공유하며 기록으로 남기고 있습니다. 대부분은 그것을 통해 돈벌이를 생각하지는 않습니다. 그러나 유튜브는 다릅니다. 순수하게 즐기기에는 너무 많은 노력과 시간과 비용이 들어갑니다. 어떤 면에서는 사업적이라 할 수 있습니다.

백 대표처럼 크게 성공한 사람이라면, 또한 연금이나 자산 등 노후 준비가 충분하다면, 수익은 따지지 않아도 됩니다. 놀이처럼 즐기는 소일거리로 삼으면 되겠죠. 그러나 그럴 형편이 아니라면 당연히 소득을 생각해야 합니다. 그런 이에게는 오히려 '수입'이 강렬한 의지를 뒷받침하게 됩니다.

특히 제2의 직업으로, 투잡이나 퇴직 후 인생 2막의 일자리로 유튜브를 택한다면 누군가와 이야기를 공유하고 기록으로 남기는 것과 동시에 수입도 생각할 수밖에 없습니다. 아니 그런 사람의 경우, 수익이 발생하지 않는다면 구태여 유튜브를 할 필요는 없다고 봅니다. 그런 면에서 제2의 직업을 만들어 수입을 올리겠다는 목표야말로 당신의 결심을 굳히는 가장 강렬하고도 현실적인 요인이 될 것입니다.

4

유튜브를 함으로써
얻는 효과

앞에서, 후배들로부터 유튜브를 권고 받고 "돈을 벌 수 있는데요"라는 말에 귀가 번쩍 열렸다고 했죠? 솔직히 그건 웃자고 하는 말이고, 가장 큰 동기는 후배들의 기대를 무너뜨리기 싫은 자존심과 타고난 호기심 때문입니다. 지금 당신에게 제2의 직업으로 유튜버가 좋다고 권하지만 당시에는 그것까지 생각지는 않았습니다. 퇴직 후 인생 2막을 보람차게 보내는 직업이 이미 있었으니까요. 그러나 막상 유튜브를 하고 어느 정도 궤도에 오르면서 기대하지 않았던, 아니 미처 몰랐던 여러 효과를 발견했습니다.

어쩌면 이것은 경험자만이 알 수 있는 효과라 할 수 있습니다. 이 장에서 '효과'를 다루는 이유는 아직도 유튜브를 할까 말까 망설이는 당신에게 확신을 심어주기 위해서입니다. 유튜브를 함으로써 얻는 강력한 효과를 알면 더 빨리 결단할 테니까요.

세상에! 이렇게 좋은 일이?

★

첫째, 설레는 마음으로 아침을 맞습니다.

유튜브를 하는데 아침이 설렌다고? 동영상 만들 일을 떠올리면 스트레스를 받을 거라고 생각할 겁니다. 물론 그런 스트레스는 있습니다. 그러나 아침을 맞을 때 가장 먼저 다가오는 것은 마음이 설렌다는 사실입니다. 당신은 매일 아침 어떤 마음, 어떤 기분으로 눈을 뜹니까?

'이그, 하루가 또 시작이군.'

'윗사람 비위 맞추랴, 아랫사람 눈치 보랴… 언제까지 이 짓을 해야 하나.'

'주말이 빨리 왔으면.'

혹시 이런 기분은 아닙니까? 은퇴자라면 '오늘은 뭘 하며 하루를 보내나?'라는 생각으로 아침에 눈을 뜨는 것조차 귀찮을 수 있습니다. 그러나 유튜브를 하면 무엇보다도 아침에 일찍 눈이 떠집니다. 설레는 마음으로 아침을 맞습니다. 왜 그럴까요?

다름 아니라 밤사이에 구독자(유튜브는 일종의 TV인데 왜 '시청자'라는 표현을 사용하지 않고 신문처럼 '구독자'라는 표현을 쓰는지 모르겠습니다. 아마도 일반 시청자와 구분하기 위해서겠죠?)가 얼마나 늘었는지, 어제 올린 동영상에 대한 시청자의 반응이 어떤지 궁금하기 때문입니다. 너무 작은 것에 신경 쓴다고요? 실제로 해보면 압니다. 이것이 가장 현실적이라는 것을.

눈을 뜨고 휴대폰을 통해 간밤에 어떤 일이 일어났는지 확인하는 순간은 정말이지 설렙니다. "와우!"라는 감탄사가 튀어나올 정도로 구독자가 많이 늘었거나, 으쓱할 만한 칭찬의 댓글을 발견하는 아침은 행복합니다. 신납니다. 유튜브를 하는 보람을 만끽합니다.

그러나 항상 그럴 리는 없죠. "오잉? 왜 이렇지?"라는 탄식이 나올 만큼 구독자가 늘지 않거나 난데없는 악플을 발견하는 날도 있습니다. 당연히 실망하고 기분을 잡칩니다.

이렇듯 아침마다 기분이 오르락내리락합니다. 온탕과 냉탕을 오갑니다. 그러나 그것 아세요? 그게 바로 활력이라는 것을! 그러기에 아침이 설렌다는 것을!

항상 좋기만 하거나 나쁜 일만 계속된다면 어떻겠습니까? 기대할 것이 없죠. 당연히 설렘도 없습니다. 삶이란 그렇습니다. 업-다운, 다운-업이 이어지면서 더 분발하게 되고, 활기를 띠며, 오늘은 또 어떨까 하고 설레는 마음으로 눈을 뜨는 것입니다.

칠순을 넘긴 사람이, 이 나이에 설레는 기분으로 아침을 맞는다는 건 멋진 일 아닙니까? 아직 생활의 활력을 잃지 않고 산다는 것은 참 좋은 일이죠. 그래서 나는 친구들에게 많이 권합니다. 퇴직 후 시간이 많은 은퇴자들이야말로 유튜브를 해야 한다고 말입니다.

둘째, 늘 희망 속에 삽니다.

희망이 없으면 사는 게 아닙니다. 훗날에 오늘을 돌아봤을 때 그것이 어긋난 기대였을지라도 일단 '잘될 거야' '좋은 일이 있을 거야'라며 희망을 갖는 것은 참 좋은 일입니다. 또는 '잘되도록 해야지'라며 결의를 갖고 사는 것이야말로 희망을 키우는 일상이 됩니다.

더구나 막연한 희망이나 소망이 아니라 구체적이고 실체가 있는 것이라면 그것은 더욱 강렬한 힘이 됩니다. 유튜브를 하는 것은 구체적이고 실체가 있는 희망이기에 삶의 동력이 됩니다.

'오늘은 무엇을 주제로 삼아 동영상을 만들까?'

그것은 곧 희망을 기획하는 일입니다. 주제를 결정하고, 그것을 동영상으로 어떻게 표현할지 구상하고, 그 구상대로 촬영하고 편집하여 업로드하는 전 과정에 희망이 관통합니다. 동영상이 공개된 후에 어떤 일이 벌어질지 꿈을 꿉니다. 구독자들에게 크게 어필하기를 소망합니다. 그것은 희망을 향한 간절한 기도라 할 수 있습니다.

업로드한 동영상이 기대를 넘어 '대박'을 터뜨리는 경우는 흔치 않습니다. 반응이 별로일 때는 물론 실망합니다. 그러나 단순한 실망이 아닙니다. 그것으로 끝이 아니니까요. 왜 뜻했던 대로 잘되지 않았는지 점검하고 반성하며 다음 동영상을 구상합니다. '다음에는 잘될 거야'라는 생각에 발걸음을 재촉합니다. 그러니까 실망은 다음의 희망을 가꾸는 디딤돌이 됩니다. 이렇게 하루하루를 희망 속에 산다는 것, 이것이 두 번째 효과입니다.

셋째, 세상에 선한 영향력을 미칩니다.

유튜브를 하는 직접적인 이유는 이것일 것 같습니다. 유튜브는 나의 생각이나 일상을, 또는 나의 연구나 경험을 남들과 공유하는 것입니다. 왜 공유합니까? 해악을 끼치기 위해 그러지는 않습니다. 그런 유튜브가 있다면 그건 범죄입니다. 당연히 사람들로부터 외면당하고 사라질 것입니다.

많은 사람들이 '구독'과 '좋아요' 버튼을 누른다는 것은 공감한다는 것이요, 그 자체로 이미 선한 영향력을 미치는 것입니다. 유튜브는 책을 쓰는 것보다 훨씬 더 즉시적이고 광범위하게 영향을 미칩니다. 왜 유튜브가 훨씬 더 유용한지는 뒤에서 설명하겠습니다.

내가 올린 동영상을 보고 어떤 이의 생각이 바뀌고, 언행이 바뀌고, 생활이 바뀌고, 때로는 풀지 못했던 의문이 풀리는 등 인생을 바꾸는 데 도움이 된다면 이는 굉장한 일입니다. 나로 인해 단 한 사람이라도 행복해진다면 얼마나 보람된 일입니까.

넷째, 세상을 늘 호기심 가득한 눈으로 봅니다.

호기심이란 세상을 경이롭고 새롭게 보는 것입니다. 그것은 사물과 현상에 대한 깊은 관심입니다. 호기심은 삶을 즐겁게 하고 행복하게 합니다. 그것은 개인의 발전과 생존을 위해서도 매우 중요합니다.

호기심이 사라진다는 것은 늙었다는 것을 의미합니다. 어린아이일수록 별것 아닌 것에도 관심을 갖고 의아해하며 새롭게 봅니다. 반면에 늙으면 어떻습니까? 세상만사에 심드렁해집니다. 새로운 것도 없고, 신기한 것도 없으며, 깊이 파고들 것도 없어집니다.

유튜브를 하게 되면 죽었던 호기심이 살아납니다. 호기심이 왕성해지고 활발히 작동합니다. 세상만사 무엇을 보든 평범한 일상에서도 유튜브에 올릴 '꺼리'를 찾으려 머리를 쓰기 때문입니다. 같은 것을 보더라도 새롭게 봐야 하며, 다르게 봐야 유튜브를 할 수 있습니다. 그것은 곧 삶의 활력을 의미합니다. 그래서 나이 들어 은퇴한 사람일수록 유튜브를 권합니다. '은퇴'에서 다시 '현역'으로 복귀하게 되니까요.

다섯째, 수입이 생기고 직업이 창출됩니다.

어쩌면 이것이 현실적으로 가장 큰 효과일 수 있습니다. 솔직히 말해서 유튜브를 하는 가장 큰 이유일 수 있습니다. 그럼에도 사람들은 "수익을 위해 유튜브를 한다"고 당당히 말하지 않습니다. "즐기다 보면 수익도 발생한다"며 수익은 별 관심사가 아닌 듯 말합니다.

그런 입장이 나쁠 건 없습니다. 그러나 만약 수입이 없다면 어떻게 될까요? 단순히 취미생활로 유튜브를 할 수도 있습니다. 그러나 그뿐입니다. 발전을 기대하기 어렵습니다. 처음에는 취미처럼 시작했더라도 날이 갈수록 진화해야 합니다. 영상의 수준이 점점 더 좋아져야 합니다. 그러려면 당연히 투자가 필요합니다. 돈이 들어간다는 말입니다. 그런데 수입이 없다? 그렇게 되면 투자하기 어렵고, 그럼으로써 점점 더 퇴화하고 맙니다. 누가 뭐래도 '돈(수입)'은 가장 강력한 동기부여요,

유튜브를 지속할 수 있는 바탕입니다.

특히 유튜브를 함으로써 직업 하나를 창출하게 됩니다. 유튜버(크리에이터)는 2018년 1월부터 시행된 제7차 한국표준직업분류 개정안에 어엿한 직업으로 등재됐습니다. 그러니 유튜브를 하는 순간 취업이 됐다는 의미입니다. 초기에 수익이 발생하지 않는다면 수익이 나올 때까지 무보수 또는 투자 단계의 직업인인 셈이죠. 이미 다른 직장이 있는 사람에게는 제2의 직업, 투잡이 되는 것이고, 인생 2막을 맞이한 사람에게는 2막의 직업, 두 번째 직장이 되는 것입니다. 다시 말해 '플랜 B'로서 가치가 충분합니다.

명함 효과라는 걸 아시나요? 퇴직하고 나면 대부분의 사람들이 명함을 갖지 못합니다. 명함을 갖더라도 직업란이 비어 있고, 그냥 이름과 전화번호만 적힌 명함을 내밀게 됩니다. 명함은 이름과 연락처가 적힌 작은 종이쪽지가 아닙니다. 명함은 그 사람의 정체성입니다. 그것이 명함 효과입니다.

특히 왕년에 잘나가던 사람에게 명함이 없어진다는 건 존재가 흐릿해지는 것과 같습니다. 그러나 유튜브를 하는 순간 직업란에 '○○○TV 대표 크리에이터'라 찍힌 명함을 당당하게 내밀 수 있습니다. 새로운 시대의 트렌드에 발맞추는 크리에이터로 말입니다.

여섯째, 유튜브는 삶을 기록하는 효과가 있습니다.

일반적인 직장에서 수십 년 동안 많은 일을 해도 그 족적이 기록으로 남는 일은 거의 없습니다. 회사에서 연감을 만들 때 한두 줄 정도 당신의 이야기가 나온다면 그나마 다행입니다. 그러나 유튜브는 동영상을 업로드할 때마다 기록이 됩니다. '그때' 어떤 생각을 하고, 어떤 모습이었고, 어떤 일을 했는지 생생한 동영상으로 남습니다.

내가 유튜브를 시작하자 아들이 "잘하셨다"고 말했습니다. 그런데 잘했다는 이유가 의외였습니다.

"훗날 아버지가 세상에 안 계시더라도 젊은 날에 어떤 모습으로 어떤 말씀을 하셨는지, 그리고 세월과 함께 어떻게 변해가셨는지 동영상으로 기록이 남지 않습니까? 저뿐만 아니라 후손들까지 볼 수 있게 말입니다."

생각지도 못한 반응입니다. 순간적으로 '벌써 죽음을?'이라는 생각이 스치며 기분이 좀 썰렁했지만 동시에 깨달음을 얻었습니다. 그러고 보니 유튜브 동영상은 자전적 기록이 될 수 있는 것이었습니다. 채널의 성격에 따라 아닌 것도 있겠지만 '기록'인 것만은 틀림없습니다.

먼 훗날, 세상을 떠난 후에도 내 삶의 모습이 생생하게 기록으로 남을 것이 분명합니다. 유튜브가 후손들까지 볼 삶의 기록이 된다고 하니 함부로 동영상을 만들어서는 안 되겠다는 생각이 들었습니다. 나이 든 사람은 그렇다 치고 젊은 사람이라면 자칫 동영상의 내용이 앞날에 발목을 잡는 기록이 될 수도 있습니다. 그것을 생각할수록 충실하게 유튜브에 임하게 될 것입니다.

일곱째, 인생을 다시 배우고 삶이 확장됩니다.

이것도 유튜브가 주는 매우 중요한 효과입니다. 구독자수의 증가나 '좋아요' '나빠요' 표시를 통해 세상 사람들이 어떤 것에 관심이 많은지, 무엇을 선호하는지 배우게 됩니다. 계속 올라오는 댓글을 통해서도, 그것이 선플이든 악플이든 세상의 다양함을 깨닫게 됩니다.

흥미로운 사실은 악플도 활용하기에 따라 좋은 교사가 된다는 사실입니다. 이유 있는 악플도 있지만 때로는 말도 안 되는 억지도 많습니다. 처음 그런 것을 대하며 심장이 두근거렸습니다. 그런데 어느 정도 단련이 되니 이제는 그러려니 지나갑니다. 악플로부터 담대해지고 자유로워졌다는 것은 이 험난한 세상을 사는 데 큰 도움이 됩니다.

특히 나의 경우는 유튜브를 통해 나 자신을 변화시키고 있습니다. 자기계발 콘텐츠이기에 거의 대부분 '공자 같은 소리'를 해댑니다. 댓글을 다는 사람 중에는 "당신은 그렇게 사냐?"라고 힐난하는 이도 있지만, 방송의 내용이 꼭 내가 그렇게 살기 때문이 아니라 그렇게 살아야겠다는 의지의 표현인 경우가 많습니다.

예컨대 "친절하라"는 방송을 했다고 칩시다. 그러면 설령 내가 평소에 친절하지 않았던 사람이라도 앞으로는 고치게 되겠죠. 바로 그렇게 자기변화의 효과가 나타나는 거죠. "꼰대 소리 듣지 않으려면 말을 적게 하고 소리를 낮추라"고 방송한 적이 있습니다. 그 방송을 하고 난 후 자연스럽게 내 언행을 스스로 통제하게 됐습니다. 말을 적게 하고 목소리를 낮추는 쪽으로 말입니다.

뿐만 아니라 유튜브 덕분에 강의 요청이 늘어나고, 나이 든 사람이 유튜브를 한다며 방송 출연 요청도 있었습니다. 또한 여기저기서 협찬 하겠다는 제의가 오는가 하면, 광고를 올리자는 제의도 있습니다. 이렇 듯 유튜브는 삶을 확장시킵니다. 놀라운 효과라 아니할 수 없습니다.

노후의 소일거리, 활력거리로 제격

★

유튜브의 효과는 사람마다 다를 것이며, 주제나 콘텐츠에 따라 차이가 날 것입니다. 그러나 어떤 경우라도 세상살이가 달라지는 효과는 마찬 가지입니다. 특히 퇴직을 앞두고 있거나 이미 은퇴하여 별 볼 일 없는(?) 일상을 걱정하는 사람이라면 유튜브에 도전할 것을 권합니다.

'도전'이라는 거창한 표현도 사치입니다. 퇴직 후 그 많은 여유시간 에 무엇을 하며 살 겁니까? 그런 면에서 유튜브는 소일거리로 제격이 요, 노후의 놀이로도 최고입니다. 왜냐하면 시간을 즐겁고 보람차게 보 내고도 소득이 발생하니까요.

그 밖에도 노후가 되면 친구들과도 멀어지고 외로워지는 것이 큰 문제라고 하는데 유튜브를 하면 외로울 틈이 없습니다. 이것이 놀이요 친구요, 소일거리며 활력거리니까요. 젊은이처럼 원대한 꿈을 품거나 욕심을 부리지 않아도 됩니다. 생활의 일부로 생각하고 즐기면서 하면 됩니다. 유튜브가 활력을 주고 삶을 변화시키니까요.

자, 유튜브를 함으로써 나타나는 효과는 이렇습니다. 이것은 효과인 동시에 유튜브를 해야 할 이유가 됩니다. 어떤 이유로 유튜브를 할 것인지는 개인마다 다릅니다. 선택은 당신의 몫이지만 여기서는 '좋다, 유튜브를 해보자'라는 결심을 이끌어내는 것에 초점을 맞추겠습니다. 그렇게 결심하셨다면 이 장은 성공입니다.

5

인생 2막의 직업을 만들고 싶다면

앞에서 잠깐 언급한 '노후의 소일거리, 활력거리'와 관련하여 조금 더 설명을 이어가겠습니다. 지인들에게 유튜브를 해보라고 권하면 반응이 다양합니다.

"유튜브는 내 취향이 아냐."

"컴퓨터 자판도 제대로 못 치는데 무슨 유튜브야?"

심지어 "한 번도 안 해본 것을 어떻게 하라는 말이냐?"고 짜증을 내는 사람도 있습니다. 퇴직 후 시간은 남아돌고 마땅한 일거리를 찾지 못해 전전긍긍하면서 말입니다. 아니 그런 발상으로 왕년에 어떻게 직장생활을 했는지 의아하기까지 합니다. 이보다 몇십 곱절 어려운 일을 했으면서 말입니다.

유튜브는 특별한 기술이 필요한 게 아닙니다. 세상을 들썩일 정도의 유튜버가 될 것도 아니고, TV 광고처럼 화려한 화면을 구성할 것도 아닌데 웬 쓸데없는 걱정을 합니까? 결국 저런 말들은 실행하지 않으려는 구실에 불과합니다.

우리는 젊은 날에 16년 동안이나 공부하고, 그에 더하여 머리 싸매고 골 때리게 공부해서 취업을 합니다. 그렇다면 이제 또 하나의 직업을 창출하고 또 다른 직장에 취업을 하는 셈인데, 어찌 손도 안 대고 코풀 생각을 합니까? 당연히 고생을 해야죠.

유튜브를 하는 것은 다른 직장을 잡는 것에 비하면 게임이 안 될 정도로 간단합니다. 비교 자체가 우스운 일입니다. 동영상 편집 프로그램이 나날이 발달하여 말 그대로 3~4시간이면 뚝딱 만들 수 있으며, 컴퓨터 자판을 제대로 못 친다면 며칠만 연습하면 됩니다. 인생 2막의 새로운 세계를 여는 데 그 정도 노력도 하지 않겠다면 그만두시든가요.

은퇴자의 노후 대책을 다룬 글을 보면 "노후에는 자기가 하고 싶은 일을 하라"고 조언합니다. 평소에 하고 싶었지만 직장생활 때문에 또는 가족부양을 위해 뒤로 미뤘던 일, 절실히 하고 싶었던 일을 하라는 것입니다.

"자기가 하고 싶은 일을 하며 살라" "간절히 하고 싶은 일을 하라"

"즐길 수 있는 일을 해야 성공한다" "미치도록 하고 싶은 일을 하라"고 요. 맞는 말입니다. 그러나 현실을 모르는 조언이기도 합니다. 현실적으로 그런 일을 찾기가 어디 쉬운가요. 더구나 퇴직 후에 유유히 놀며 지낼 수 없는 형편이어서 뭔가 일을 해야 하는 사람에게 "미치도록 하고 싶은 일을 하라"는 것은 정말 미친 이야기입니다.

그런 말에 현혹되지 마세요. 이론은 맞는데 현실은 그게 아닙니다. 그런 식으로 권하고 강조하는 사람들은 이미 성공했기에 그렇게 말할 수 있습니다. 어쩌면 본인도 착각하고 있는지 모릅니다. 원래는 어쩔 수 없이 그런 일을 하게 됐는데 세월이 지나면서 몰입하게 되고, 그 결과 성공함으로써 원래부터 그 일을 좋아했던 것으로 착각한다는 말입니다.

나는 오히려 "하고 싶은 일을 하라"든가 "즐길 수 있는 일을 하라" 기보다는 "새로운 일을 찾아 그것에 몰입하라"고 권하겠습니다.

지금 눈앞에 나타난 일에 몰입할 것

★

모든 일에는 '중독성'이 있습니다. 오락이나 도박 또는 마약만 중독성이 있는 게 아닙니다. 일도 중독성이 있고, 심지어 섹스도 중독성이 있다지 않습니까. 처음에는 별로 하기 싫던 일도 하다 보면 좋아지고 나중에는 중독이 된다는 말입니다. 회피하고 싶던 일인데 자꾸 하다 보니 의욕이 생기고 애착이 생겨서 나중에는 스스로 즐기며 하게 되는 수가 많습니다.

내가 잘 아는 이의 스토리를 소개합니다. 그는 매우 건강한 사람이었는데 퇴직 후 갑자기 뇌졸중으로 쓰러졌습니다. 청천벽력이었죠. 그래도 운 좋게 일어섰지만 손놀림이 자유롭지 못했습니다.

그런데 그것을 치유하기 위한 물리치료의 하나로 공방에서 목공예를 하게 됐습니다. 나무로 인형도 만들고 여러 형태의 조각품을 만들었습니다. 평생 그런 것을 해보지 않았을뿐더러 흥미도 관심도 없는 일이었습니다. 치료를 위해 어쩔 수 없이 매일 그 일을 했습니다.

그렇게 2년 정도 지나자 물리치료의 효과가 나타났는지 아니면 약물치료의 효과인지 어쨌든 손놀림이 거의 정상으로 돌아왔습니다. 이제는 목공예를 하지 않아도 됩니다. 그런데 재미있는 일이 일어났습니다. 이제는 그 자신이 목공예에 흠뻑 빠져서 아예 집 안에 공방을 차려놓고 매일매일 창작에 몰두하고 있습니다. 그는 말합니다.

"나에게 이런 재능이 있는 줄을 미처 몰랐어요. 이렇게 재미있는 걸 왜 이제 알았을까요."

그렇습니다. 지금은 유튜브를 한다는 것이 엄두가 안 날지 모릅니다. 그러나 시작하세요. 더구나 은퇴하면 남는 건 시간뿐이라고 합니다. 현실적으로 다른 일을 찾기가 쉽지 않다면 생각을 바꾸세요. 회의

하고 불평할 것이 아니라 긍정하고 수용하면서, 즐길 수 있는 일을 찾지 말고 지금 눈앞에 나타난 그 일을 하세요. 즐겁게 하세요. 피할 게 아니라 오히려 몰입하세요. 최고의 경지에 도달하도록 열심히 해보세요.

그러면 유튜브가 즐거워지고, 어느 날 문득 제2의 직업을 찾아낸 자신을 발견하게 될 것입니다.

6

그럼에도 엄두가
안 난다고요?

당신이 이 책을 손에 든 동기가 무엇인가요? 아마도 이런저런 정보로
유튜브에 대한 관심이 커지자 '나도 할 수 있을까?' 또는 '나도 한번 해
볼까?'라는 생각에서 책을 펼쳤을 것입니다. 그리고 여기까지 읽으면
서 이제 유튜브의 효과와 필요성 또는 강점을 알게 됐을 것입니다.

그러나 유튜브가 좋은 줄은 알지만 아직도 선뜻 실행에 옮기기가
망설여질 것입니다. 시작은 하겠지만 과연 오랫동안 할 수 있을지, 괜
한 욕심은 아닌지, 이런저런 걱정이 결단을 가로막습니다. 엄두가 나질
않겠죠.

내가 즐겨 쓰는 말 가운데 '엄두못냄 증후군'이라는 것이 있습니다.
내가 만든 조어입니다. 많은 사람들이 무엇인가를 시작하려 할 때 엄
두를 못 내는 증세(병)가 있다는 말입니다. 물론 새로운 세계에 발을 내

믿는 일이 불안하고 때로는 공포스러울 수 있습니다. 더구나 컴퓨터나 기기 조작에 능숙하지 못한 사람이 동영상을 찍고 편집하여 방송한다? 이게 만만하게 다가올 일은 아닙니다. 그래서 엄두를 못 냅니다.

아무것도 안 하면 아무것도 안 된다

★

"자네도 유튜브를 한번 해봐. 자네는 생활 자체가 유튜브에 올릴 좋은 콘텐츠잖아."

친구에게 이렇게 권한 적이 있습니다. 내 판단으로는 꽤 괜찮은 '꺼리'를 갖고 있는 사람이라서, 대박은 아니라도 내 채널보다는 오히려 더 나은 반응을 얻을 수 있겠다 싶었습니다. 머뭇거리는 그에게 "내가 도와줄 테니 해보라"고 선심까지 쓰며 압박했습니다. 콘텐츠가 아깝다는 생각이었으니까요. 그러자 그가 이렇게 대답합니다.

"야, 솔직히 엄두가 안 난다. 그걸 내가 어떻게 감당하냐?"

그 친구만이 아닙니다. 이런저런 일로 만난 여러 사람에게 유튜브를 권해봤지만 실제로 유튜버가 된 이는 한두 사람에 불과합니다. 나이 든 사람은 그렇다 치고 젊은 사람도 마찬가지입니다. 실제로 당신의 주변을 한번 돌아보세요. 요즘 유튜브가 대세라지만 정작 유튜브를 본격적으로 하고 있는 사람을 몇이나 발견할 수 있습니까?

대부분의 사람들이 해보지도 않고 지레 겁을 먹습니다. 엄두를 못 내는 거죠. '엄두못냄 증후군'을 앓고 있는 것입니다. 그런 사람에게 들려주고 싶은 말이 있습니다. 고故 정주영 현대그룹 회장의 유명한 어록입니다.

"이봐, 해봤어?"

사전을 보면 '엄두'란 '감히 무슨 일을 하려는 마음'이라고 돼 있습니다. 그러나 엄두는 마음을 넘어 실행입니다. 누구나 마음은 있지만 실행에 옮기지 못합니다.

'시작이 반'이라는 말도 있듯이 막상 시작하면 할 수 있습니다. 유튜브가 별건가요? 동영상 찍어서 올리는 것입니다. 쉽게 생각하세요. 초등학생 꼬마들도 얼마나 잘하는데요. 하물며 인생을 훨씬 오래 살아온 당신이라면 훨씬 더 잘할 수 있습니다. 누구든 하면 할 수 있습니다. 자신감을 가지세요.

한 번쯤 거꾸로 생각해보세요. 만약 이것을 하지 않는다면 어떻게 될까요? 그러면 마음고생도 없고, 골치 아픈 일도 없으며, 몸이 고생할 일도 없습니다. 편안할 것이고 스트레스도 없을 것입니다. 한가할 것입니다. 그러나 분명한 것은 아무것도 이루지 못한다는 사실입니다. 아무것도 안 하면 아무것도 안 됩니다. 그것이야말로 편안한 것이 아니라 불안 그 자체입니다. 한가한 것이 아니라 한심스런 것입니다. 또 다른 형태의 스트레스가 됩니다.

성취란 고통의 산물입니다. 애쓰지 않고 무엇을 이룰 수 있습니까? 그러니 뭔가 성취하려면 고통을 당연한 것으로 받아들여야 합니다. 한 발 더 나아가 즐겨야 합니다. 흔히 하는 말로 "사서 고생해야" 합니다.

이제 과감히 엄두를 내고 실행에 옮깁시다. 하면 할 수 있습니다.

책을 쓰기보다 유튜브를 하라?

⏸ ⏭ 🔊

"책을 쓰는 것과 유튜브를 하는 것, 어느 쪽이 더 좋습니까?"
이런 질문을 종종 받습니다. 물론 책쓰기와 유튜브를 단순 비교하는 것은 옳지 않습니다. 책은 책대로의 효용이 있고, 유튜브는 그 것대로의 장점이 있으니까요. 다만 요즘 상황으로 봐서는 유튜브 하는 쪽을 권합니다.

그동안 나는 많은 책을 썼습니다. 그리고 주위 사람들에게 책을 쓰라고 권해왔습니다. 그러나 유튜브를 하면서 생각이 바뀌었습니다. 요즘은 출판시장이 매우 어려운 상황입니다. 책에서 유튜브로 넘어왔습니다. 책보다 유튜브가 좋은 이유는 동영상이라는 점, 그리고 짧은 시간에 훨씬 광범위한 정보를 핵심적으로 얻을 수 있다는 것입니다.

자신의 생각이나 연구 또는 경험을 책으로 발표하려면 짧게는 수개월에서 몇 년의 세월이 필요합니다. 그러나 유튜브 동영상을 만드는 것은 길어야 며칠, 대개 몇 시간이면 끝납니다. 책이란 거의 대부분 제목에서 암시한 메시지를 중언부언하고 사례나 통계, 연구 자료를 보태면서 200~300쪽 분량을 만듭니다.

반면에 유튜브는 핵심적인 내용을 압축해서 10분 내외로 만들어 냅니다. 유튜브가 얼마나 압축되고 정제된 것인지는 유튜브를 해본 사람만이 압니다. 책 1권을 아무리 압축해도 유튜브 동영상 1편을 만들지 못하는 경우가 비일비재합니다.

그리고 더 흥미로운 사실이 있습니다. 애써서 책을 내고 그것이 베스트셀러가 되려면 실용서의 경우 1만 부 정도는 팔려야 합니다. 수십만 부가 팔린다면 초베스트셀러입니다. 그런 일은 평생에 한두 번 있을까 말까 합니다. 그런데 유튜브는 한 방에 조회수 1만이 넘는 경우가 많습니다. 내 채널에서 '부부관계'를 다룬 동영상은 무려 280만여 명이 봤습니다. 그러니까 나를 홍보한다는 차원에서 보면 책은 유튜브에 상대가 안 됩니다.

물론 책은 책대로의 매력과 효용이 있습니다. 그래서 요즘은 이렇게 권합니다. "책은 대표적인 것 1~2권만 쓰고, 남는 열정으로 유튜브를 하라"고요.

7

이제는 일단
저질러보자

이제 첫발을 내딛읍시다. 두 눈 질끈 감고 저질러야 합니다. 좌면우고 하다 보면 걱정거리, 해서는 안 될 이유가 자꾸 나올지 모릅니다. 일단 저질러놓으면 어떤 형태로든 굴러갑니다. 벽에 부딪히면 낙담할 것이 아니라 그 벽을 뛰어넘을 방법을 찾으면 됩니다. 뭐, 벽에 부딪힐 것도 없습니다. 조금 힘든 단계에 부딪히면 유튜브에 온갖 해결책이 다 나와 있으니까요.

그런 동영상을 보노라면 수많은 사람이 당신과 똑같은 애로사항으로 쩔쩔매고 있음을 깨닫게 됩니다. 당신이 궁금해하는 걸 다른 사람도 궁금해하기에 해결 방법이 유튜브에 친절히 나와 있는 것이죠. 그걸 보면서 앞으로 나아가면 곧 놀라운 세계가 눈앞에 펼쳐질 것입니다.

성공하려면 절대 해서는 안 될 말

★

언젠가 내 채널을 통해 이런 방송을 한 적이 있습니다. 제목은 "성공하고 싶다면 절대 해서는 안 될 3가지 말"입니다. 이는 유튜브 방송에만 적용되는 것은 아니고, 유튜브를 할지 말지 망설이는 사람에게 꼭 하고 싶은 말이기도 합니다.

첫째, '그거 해서 뭐해?'입니다.

무엇인가를 권했을 때 대뜸 나오는 반응의 하나가 바로 이것입니다. 이는 목표 자체에 대한 회의이자 부정입니다. 이 말이 좋지 않은 것은 도전 자체를 안 하겠다는 것이기 때문입니다. 신달자 시인이 《여자를 위한 인생 10강》(민음사)이라는 책을 써서 여성들에게 많은 조언을 했는데 그 책에서 이렇게 말했습니다.

> 주부들이랑 대화를 해보면 '그거 해서 뭐해요'라는 말을 많이 하는데 등산은 해서 뭐해요, 공부는 해서 뭐해요 그런다. 등산해서 뭘 할지 생각하지 말고 그냥 등산을 하라.

여기서 주부를 당신으로 바꿔보면 어떨까요? 혹시 유튜브를 앞에 두고 이렇게 반응하지는 않습니까? 그거 해서 뭐하냐고 말입니다. 그렇게 따지면 살아서 뭐하려고요? '그거 해서 뭐해?'는 성공하지 못하는 사람의 사고방식입니다.

일단 해봐야 합니다. 해봐야 그것이 뭔지, 그 끝이 어디인지 알 수 있습니다. 설령 실패하더라도 일단 해봐야 압니다. 해봤는데 실패한다면 당신의 능력으로는 안 된다는 사실을 확인한 것만으로도 성과가 있는 것입니다. 그러면 적어도 후회는 없을 것입니다. 어쨌거나 해봤으니까요.

둘째, '아휴 내가 그걸 어떻게 해?'라는 말입니다.

그에 덧붙여 따라오는 말이 있습니다. '나는 그거 못해.' 이것은 자기 자신에 대한 회의요 부정입니다. 나는 할 수 없다고 이미 규정했으니 뭐가 되겠습니까. 이것이 바로 앞에서 다룬 '엄두못냄 증후군'의 대표적인 증상입니다.

후배 강사가 나에게 유튜브를 해보라고 권했을 때 나도 속으로 그런 말을 했습니다. '아휴, 이 나이에 내가 그걸 어떻게 해?' 그러나 그 속 생각이 겉으로 드러나기 전에 이렇게 반전됩니다. '그래 맞다. 이 나이니까 해보자. 지금 못하면 영원히 못할 테니까.' 그렇게 생각을 바꿔야 합니다. 생각을 바꿔야 길이 보입니다.

셋째, '그게 되겠어?'입니다.

이는 가능성에 대한 회의요 부정입니다. 해보지도 않고 이미 불가능한 쪽으로 기울어버리면 그건 해보나 마나입니다. 가능성을 회의하고 부정하면 길이 보이지 않습니다. 할 수 있다고 덤벼야 창의성이 발휘됩니다. 아이디어가 나옵니다. 창의성은 학벌이나 IQ에서 나오는 게 아닙니다. 의지에서 나옵니다. 간절한 마음에서 발휘됩니다.

우리 속담에 '말이 씨가 된다'고 합니다. 이것은 단순한 속담이 아니라 과학적 근거가 있는 말입니다. 뇌과학적으로도 그렇고 심리학적으로도 그렇습니다. 사람은 자주 사용하는 말이 청각기관을 거쳐 뇌에 입력되면 사고방식이 변할 뿐 아니라 심리학적으로도 자기충족적 예언self-fulling prophecy이 됩니다. 스스로 자기암시를 하는 것이죠.

유튜버로 첫발을 떼려면 위의 3가지 말은 잊으시기 바랍니다. 일단 해봐야 압니다.

2부

유튜버 첫발 떼기

★

방송 준비는
이렇게 한다

유튜버로 성공하려면 채널 기획을 잘해야 합니다. 채널 기획이란 당신의 강점을 찾는 것에서부터, 어떤 영역에서 어떤 '꺼리'로 방송할 것인지 구상하는 것으로, 채널의 성공 여부를 결정짓는 핵심입니다. 좋은 채널을 기획하려면 먼저 다른 채널을 많이 봐야 하며, 무슨 콘텐츠로 할지 당신 자신에 대해 세밀히 탐색해야 합니다. "누구나에게 자기만의 콘텐츠가 있다"는 말을 잊지 마세요.

8

당신의
강점을 찾아라

후배들로부터 유튜브를 권고 받고 "그럼 나도 한번 해볼까?"라고 대답은 했지만 솔직히 자신은 없었습니다. '내가 과연 할 수 있을까?'라는 의문이 강하게 머릿속을 채웠습니다.

수십 년 동안 책을 쓰면서 컴퓨터 자판을 치는 게 일상이지만 자료 검색과 글쓰기, 그리고 강의를 위해 파워포인트 작업을 하는 것 외에는 할 줄 아는 게 별로 없었습니다. 어쩌다 컴퓨터에 장애가 발생하면 아들이나 며느리가 달려와 해결해주곤 했습니다. 휴대폰으로 동영상을 촬영하기는 했지만 그것을 편집해본 경험도 전혀 없었습니다.

그런데 동영상을 찍어 편집을 하고 업로드를 한다? ('업로드'라는 단어도 그때 처음 접했습니다) 나로서는 능력을 벗어나는 일이기에 머리가 아팠습니다. 그러나 어쩝니까. 나를 좋게 보고 있는 후배들을 실망시키기 싫었고 자존심을 구기는 게 창피했습니다. 이렇게 나의 유튜브 입문은 자의 반 타의 반이었습니다.

'좋다! 일단 하기로 했으니 방법을 찾아보자.'

그렇게 결단했습니다. 이렇게 발상을 잘 바꾸는 게 나의 장점이라면 장점입니다. "할까 말까 망설여질 때는 '하자'로 결론 내라"는 게 나의 지론입니다. "하려고 하면 방법이 보이고, 하지 않으려고 하면 핑계가 보인다"는 말도 있잖습니까? 그래서 나는 핑계는 그만 대고 방법을 찾기로 했습니다.

핑계가 아니라 방법을 찾을 것

★

우선 김미경 원장의 유튜브를 좀 더 살펴봤습니다. 후배들을 통해 처음 접한 채널이기도 하지만, 그의 영상에서 유튜브를 해야 할 이유와 방법을 찾을 수 있을 것 같았습니다. 거기서 자극을 받고 영감과 아이디어를 얻을 수 있을 것 같았습니다. 내가 유튜브를 할 수 있는지 아닌지 판단하는 기준이 될 것도 같았습니다. 그이와 내 분야가 같다고 생각했기 때문입니다.

몇 편의 동영상을 보고 나서 내린 결론은 '할 수 있다'였습니다. 그런 결론을 내린 것은 당연히 김 원장과 나를 비교해보았기 때문입니다. 그렇다고 그를 따라잡을 수 있겠다고 생각한 것은 아닙니다. 언감

생심이죠. 단지 그와 비교하면서 나는 나대로의 유튜브 세계를 만들 수 있겠다는 가능성을 발견했습니다.

'그는 이미 이름이 크게 난 사람이고 난 그렇지 못한데 어쩌지?'

이것이 처음 떠오른 생각입니다. 그러나 모든 건 해석하기 나름입니다. 생각을 바꾸면 약점이 강점으로 바뀔 수 있습니다. 핑계가 아니라 방법을 찾을 수 있습니다.

'그래 맞다. 내가 그이보다 덜 유명하다는 것은 그만큼 확장성이 있다는 의미가 아닌가?'

그는 세상이 다 아는 유명인이기에 더 유명해질 것이 없잖습니까? 그러나 나는 무명에 가깝기에, 하면 할수록 그만큼 더 이름이 알려질 테니 확장성이 크다고 해석한 것입니다. 그렇게 생각하니 덜 유명하다는 것이 꼭 약점만은 아님을 깨달았습니다. 노력한 만큼 널리 알려질 테니까 말입니다.

두 번째로 비교되는 것은 나이입니다. 인터넷에 검색해보니 내가 그보다 열여섯 살이나 많았습니다. 16년? 이는 초등학교 1학년부터 대학교 4학년까지의 세월입니다. 그만큼 더 살았다는 것은 그만큼 경험이 많다는 것이고, 스토리와 에피소드가 더 있다는 사실이 강점이 될 수 있습니다.

늙어봤다는 것은 나다운 경쟁력이 있다는 것을 의미합니다. 젊은 사람이 커버할 수 없는 영역이 있다는 뜻입니다. "나 젊어봤다. 너 늙어 봤니?" 그런 말도 있지 않습니까? 젊은 시청자들은 나이 든 사람의 채널을 외면할지 모르지만, 나는 나이 든 사람을 시청 대상으로 삼으면 되는 것입니다. 더욱이 날이 갈수록 은퇴, 노령 인구가 많아진다는 것을 생각하니 앞으로 내 영역이 더 넓어질 수 있다는 판단도 섰습니다.

세 번째로 비교한 것은 '책'입니다. 좋든 나쁘든 내가 훨씬 더 많은 책을 집필했다는 사실입니다. 그 당시 이미 52권의 책을 썼으니까요. 물론 대작도 아니고, 베스트셀러가 된 것도 몇 권밖에 없습니다. 그러나 그 책들이 문학작품이 아닌 자기계발서이고, 그 책을 쓰기 위해 모아둔 자료가 꽤 많으니 콘텐츠는 크게 걱정되지 않았습니다.

생각을 거듭할수록 나만의 강점이 하나둘 드러났습니다. 그가 여성인 반면에 나는 남성. 그러니 시청자층이 다른 나만의 영역을 확보할 수 있습니다. 그는 여성이니까 아무래도 여성 시청자가 많을 것이고, 나는 남성이니까 남성 시청자를 사로잡으면 되겠다는 계산이 나옵니다.

그렇다고 내가 유튜브를 하기로 결단을 내리는 데 단지 그런 비교만이 작용했다는 말은 아닙니다. 후배 강사들이 처음으로 보여준 유튜브 채널이 그것이었기에 부지불식간에 그와 비교하며 결심을 강화했다는 의미입니다.

자기만의 영역과 '꺼리'를 만드는 법

★

'나도 할 수 있다'는 결론에 이르자 '그러면 과연 얼마나 오랫동안 방송을 지속할 수 있을까'를 계산했습니다. 유튜브는 시작하는 것 이상으로 오랫동안 지속하는 게 중요합니다. 고작 1~2년 정도 하다 만다면 아니함만 못합니다. 그것은 노력의 낭비요, 무엇보다 시간의 낭비입니다. 괜한 헛고생으로 세월을 보낸 셈이죠.

'과연 얼마나 지속할 수 있을까?'에 대한 판단의 바탕은 역시 내가 쓴 책입니다. 계산은 이랬습니다. 즉, 그동안 집필한 책이 50여 권이니까 1권의 내용으로 20회 정도 방송한다? 그러면 $50 \times 20 = 1,000$(회)이 되고, 1주일에 2회 방송하면 $1,000 \div 2 = 500$(주), 500주라면 대략 10년은 지속할 수 있다는 계산이 나옵니다.

10년 동안 방송할 수 있다고? 그렇다면 머뭇거릴 것 없이 방송을 해야 합니다. 그러나 이렇듯 콘텐츠가 충분할 거라고 판단한 그 '계산'이 착오였음을 깨닫는 데는 오랜 시간이 걸리지 않았습니다(뒤에서 상세히 설명하겠습니다). 어쨌거나 나는 그렇게 계산을 끝내고 드디어 유튜브를 시작했습니다.

자, 이제 당신 차례입니다. 막상 나의 스토리를 소개하고 보니 혹시라도 당신을 기죽이는 일이 되지 않을까 걱정됩니다. "당신은 책에 있는 콘텐츠가 풍부하니까 그렇게 시작할 수 있지, 나는 맨땅에 헤딩하는 것 아니냐?"며 뒤로 물러설지 모르겠습니다.

그렇다면 생각을 바꾸시기 바랍니다. 앞에서 밝혔듯이, 나는 자연스럽게 〈김미경TV〉와 비교하게 됐고, 그런 비교가 결단을 내리는 데 도움이 됐지만, 유튜브를 하는 데 남과 비교할 필요는 없습니다.

내가 내 방식으로 길을 찾았듯이 당신은 당신의 방식으로 당신의 길을 찾으면 됩니다. '비교적 강점'이 아니라 당신만의 '절대적 강점'을 찾으면 됩니다. 아니 강점이 없어도 됩니다. 유튜브를 할 '영역'과 '꺼리'를 이제부터 만들면 됩니다.

유튜브를 하는 사람들이 모두들 영역과 꺼리가 있어서 시작한 것은 아닙니다. '하겠다'는 결심을 한 후에 길을 찾은 사람이 더 많을 것입니다. 그렇게 길을 찾는 것이 오히려 자연스럽습니다.

우리나라에 유튜브 바람을 일으키는 데 크게 공헌한 실버 유튜버 박막례 할머니가 이것저것 비교하면서 강점을 찾아 유튜버가 된 것은 아닙니다. 우연한 기회에 그 길로 들어섰고, 계속 동영상을 찍어 올리면서 자기만의 영역을 확보한 거죠. 거의 대부분의 유튜버가 그렇다는 것을 믿고 이제 시작하시면 됩니다. 일단 첫발을 떼시면 됩니다.

9

어디서부터
시작해야 하나?

유튜브를 하기로 결단하고 첫발을 떼려 할 때 가장 궁금한 것이 있습니다.

'어디서부터 시작해야 하지?'
'무엇을 어떻게 해야 하지?'

바로 그것입니다. 결단은 했는데 무엇을 먼저 해야 할지 막막합니다. 사실은 이 막막함 때문에 많은 사람들이 엄두를 내지 못합니다. 나역시 마찬가지였습니다. 결심은 했는데 어디서부터 손을 대야 할지, 무엇부터 시작해야 할지….

나의 경우는 순서가 좀 바뀌었습니다. 후배 강사의 권유로 유튜브를 하기로 했지만 어떻게 해야 할 바를 몰랐습니다. 며칠 동안 유튜브를 이리저리 둘러보면서 어떻게 이런 동영상을 만드는지 그저 신기하기만 했습니다.

그렇게 며칠을 보냈을 때, 그날 자리를 함께했던 J교수로부터 전화가 걸려왔습니다.

"유튜브, 언제 시작하실 거예요?"

안부를 묻고는 다짜고짜 자신의 제자 중에 유튜브를 잘 아는 학생이 있으니 소개해주겠다는 것입니다.

순간, 멈칫했습니다. 유튜브를 해야겠다고 마음은 굳혔지만 너무 문외한이라 뜸을 들이고 있었거든요. 어느 정도 사전 지식을 갖추고 최소한의 준비가 된 상태에서 전문가를 만나야 할 것 아닙니까. 그런데 무작정 전문가부터 만나게 됐으니 순서가 바뀐 거죠.

그러나 차마 그 말을 못 했습니다. 미적거리는 인상을 주는 것 같아서요. 그래서 마치 기다렸다는 듯이 목청을 돋워 대꾸했습니다.

"좋아요. 그 학생을 우리 집으로 보내줘요."

J교수가 "4~5시간 정도 배우면 될 것"이라 해서 비용 지불에 관한 것 등을 이야기하고 전화를 끊었습니다. 나의 유튜브는 이렇게 저질러졌습니다. 주위 사람들 덕에 밀리듯이 첫발을 뗐습니다.

돌아보면 J교수가 전격적으로 사람을 소개하지 않았으면 뜸을 들이다가 오랜 시간을 허송했거나 아예 시도하지 못했을지 모릅니다. 사람들은 내가 여러 권의 책을 쓴 걸 보고 도전과 결단이 대단하다지만 솔직히 나는 그런 스타일이 아닙니다. 미적거리며 게으름을 피우는 스타일입니다. 평균치의 보통 사람 그대로입니다.

시행착오를 겪지 않으려면

★

경험자로서 말하건대, 유튜브 방송을 가장 쉽게 하는 길은 유튜브의 체계와 기술적인 부분을 잘 아는 사람(이하 '전문가'라 하겠습니다)에게 직접 배우는 것입니다. 책이나 유튜브를 통해서 배우려면 미세한 부분에서 덜컥 장애를 만나 애를 먹습니다. 그러나 앞에서 말했듯이, 처음부터 전문가를 들이대지 말고 어느 정도 사전 준비를 하고 전문가의 지도를 받는 게 순서입니다. 그래야 알차게 배울 수 있고 시행착오를 줄입니다.

'유튜브를 하겠다'는 의욕 외에 별다른 준비가 돼 있지 않은 상태에서 전문가를 만나면 일방적인 지도가 됩니다. 전문가로부터 배워야 할 것이 무엇인지 모르는 상태에서 가르쳐주는 것만 배우게 됩니다. 질문할 것을 준비하고 학습해야 효율적입니다. 그러지 않으면 아까운 기회를 허비하게 됩니다.

물론 전문가로부터 지속적으로 지도를 받을 수 있는 형편이라면 괜찮지만 적어도 어떤 채널, 어떤 콘텐츠로 방송할 것인지는 확실히 정하고 전문가를 만나야 합니다. 그것을 결정하는 것은 전문가의 몫이 아니라 당신의 몫이며(전문가가 당신의 의견을 듣고 조언을 해줄 수는 있지만), 후다닥 결정할 수 있는 것이 아니라 상당 기간 심사숙고할 과제입니다.

다행히 나는 상황이 좀 다르다 할 수 있습니다. 이미 자기계발서 작가로, 그리고 강사로 활동하고 있기 때문에 어떤 채널을 할 것인지, 어떤 콘텐츠를 할 것인지 처음부터 정해졌기 때문입니다. 그러니까 채널의 방향은 잡혔다는 말입니다.

만약 당신이 나와 비슷한 경우가 아니라면, 즉 유튜브에 대한 기본적인 준비가 안 돼 있고 백지상태에서 시작하는 경우라면, 어떤 콘텐츠로 어떤 방송을 할 것인지 먼저 공부하기를 권합니다. 그것이 시행착오 없이 유튜버가 되는 길입니다. 엉뚱한 곳을 헤매며 시간과 노력을 허비하지 않는 요령입니다.

그런데 무엇을 어떻게 공부해야 하냐고요? 걱정하지 마세요. 바로 그런 것들을 잘 알려드리기 위해 이 책을 쓰는 겁니다. 뒤에서 상세히 안내할 테니 꼼꼼히 읽으며 요령을 터득하시기 바랍니다.

10

워밍업하기와
유튜브 감각 키우기

유튜브의 기술적인 부분을 배우기 전에 기본적인 준비를 먼저 해야 한다고 말했습니다. 전문가로부터 배우기 전에 공부를 해야 효율적이라고 했습니다. 그럼 무엇을 공부해야 할까요? 조급해하지 마세요. 일단 숨을 고르세요. 지금까지 안 해본 유튜브인데 조금 천천히 스텝을 밟아도 괜찮습니다. 조급하다고 빨리 되는 것도 아닙니다. 유튜버가 되는 길에 대해 후다닥 결론만 듣고 싶을지 모릅니다. 그런데 그게 문제입니다.

결론만 모아서 읽으면 될 것 같죠? 결코 그렇지 않습니다. 이미 앞서간 선배 유튜버의 에피소드와 경험담을 듣고 곰삭혀 마음에 담는 과정도 소중합니다. 그것을 통해 당신의 뇌 구석구석에 유튜버의 DNA가 자리 잡게 됩니다. 그걸 믿으세요. 나 역시 뒤돌아보면 유튜브를 시작하고 초기의 시행착오가 쑥스럽습니다.

조급한 마음으로 첫 단추를 잘못 꿰면 망조 드는 지름길이 됩니다. 헛수고, 아니 쓸데없는 것에 에너지를 낭비하게 됩니다. 결국은 중도에 포기하게 될 것입니다. 우리는 유튜브로 성공한 사람들의 스토리에 익숙합니다. 무용담(?)을 부러워합니다. 그러나 훨씬, 훨씬 더 많은 이들이 이곳에 발을 들여놓았다가 소리 소문 없이 사라졌다는 것을 알아야 합니다. 조급함 때문에 판단을 잘못했기 때문이죠.

"슬로, 슬로, 퀵퀵"이라는 말 아시죠? 사교댄스를 처음 배울 때 스텝을 밟는 요령으로 가장 먼저 나오는 구령입니다. 천천히, 천천히, 빨리 빨리. 그렇습니다, 시작은 천천히, 그러나 성장은 빠르게. 이것이 유튜버로 성공하는 하나의 요령입니다.

절대 조급해하지 마세요. '슬로'를 마음에 담으세요. 그러나 퀵퀵, 빨리 할 부분도 있습니다. 이제 그것을 하나씩 하나씩, 때로는 슬로, 슬로, 때로는 퀵퀵 전해드리겠습니다.

먼저 구글 계정부터 만들 것

★

일단 유튜브와 친해져야 합니다. 그것부터 해야 합니다. 우선 구글에 당신의 계정을 만드세요. 아마도 '네이버'나 '다음'에 회원 가입이 돼 있을 것입니다. 그처럼 구글에도 회원 가입을 하라는 말입니다.

아 참! 앞으로 당신의 채널을 만들어 유튜브를 하려면 접근 환경을 '구글 크롬^{Google Chrome}'으로 하는 것이 좋습니다. 유튜브는 구글에서 운영하는 것이기에 당연히 크롬 웹브라우저에 최적화돼 있기 때문입니다. '인터넷 익스플로러'를 사용할 경우 제대로 작동하지 않을 때가 종종 있습니다. 잊지 마세요.

왜 이렇게 치사한(?) 단계부터 다루냐고요? 이것을 치사하다고 생각한다면 당신은 그나마 기본적인 수준은 된다는 것을 의미합니다. 유튜브를 하면서 많은 사람을 만났지만 구글 계정 자체가 없는 사람이 적지 않음에 놀랐습니다. 특히 나이 든 사람, 은퇴 세대의 경우에 그렇습니다.

"제 채널 구독 좀 해주시죠."

강의를 하다가, 또는 이런저런 인연으로 만난 사람에게 채널 구독을 권하는 경우가 있습니다. 대개 유튜브 초기에 그런 부탁을 하게 됩니다. 그런데 그런 요구를 받으면 얼른 유튜브를 열어 구독 버튼을 누르지 못하는 사람이 있습니다. 머뭇머뭇합니다. 구독하기가 싫어서 그런 게 아닙니다. 아직 구글 계정이 없기 때문입니다. 유튜브를 활용하지 않는 사람입니다.

심지어 "그게 뭐요?"라거나 "어떻게 하냐?"고 묻는 사람도 있습니다. 왕년에 공무원 또는 기업의 임원급으로 퇴직한 사람들 중에도 그런 이를 많이 봤습니다. 세상을 알 만한 사람이요 이 세상에 살지만 실은 이 세상 사람이 아닌 셈이죠. '구독'을 권하면 신문 구독처럼 생각하고 꺼리는 사람도 있습니다. 매달 구독료를 지불해야 하는 줄 알고 말입니다.

당신은 어떻습니까? 아직 구글 계정이 없다면 이제 만드시면 됩니다. 그 요령은 여기서 말하지 않겠습니다. 글로 표현하면 복잡하기 때문입니다. 다른 포털 사이트의 회원 가입 요령과 같은데, 상세히 알고 싶으면 유튜브의 도움을 받으면 됩니다.

유튜브에 '구글 계정 만드는 법'을 검색하면 친절하고 상세하게 안내하는 동영상이 여러 개 있습니다. 그중 하나를 골라 그대로 따라 하면 됩니다. 아래 영상을 참고해도 좋습니다.

◎ 채널 : 구글아카데미

◎ 제목 : 구글 계정 만드는 법/지메일 만드는 법

목표를 세우면 다르게 보인다

★

구글 계정을 만들었으면 이제부터 유튜브를 본격적으로 탐색해야 합니다. 유튜브와 친해져야 합니다. 휴대폰에 유튜브 앱을 깔고 자주 들러서 이것저것 동영상을 많이 시청하는 게 좋습니다. 그렇게 해서 분위기를 익힐 필요가 있습니다. 남들이 어떤 콘텐츠로 어떤 채널을 운영하며 어떤 분위기에서 어떤 식으로 방송하는지 체크해보세요.

이것저것 두루두루 살펴보세요. 새로운 세상이 그곳에 있다는 것이 신기할 것입니다. 별별 사람, 별별 채널이 있음에 놀랄 것입니다. TV에서 자주 보던 유명인이 유튜브 채널을 운영하고 있는 것도 알게 됩니다. 그런가 하면 별 이상한 콘텐츠로 수십만 명의 구독자를 확보하고 있는 것도 발견합니다.

"세상에나! 이런 세계가 있나?" 싶을 겁니다. "아니, 이런 것도 유튜브가 돼?" 싶은 것도 많습니다. 당신이 상상하던 것을 훨씬 초월합니다. 이것이 바로 유튜브에 대한 감각을 익히는 것입니다. 이런 단계는 괜히 시간을 허송하는 게 아닙니다. 좋은 유튜버가 되기 위해, 그리고 기초를 탄탄히 하기 위해 필요한 과정입니다.

지금까지는 별 생각 없이 봤던 유튜브지만 당신이 유튜버가 되겠다는 목표를 세우고 보면 다르게 보입니다. 스쳐 지났거나 별로 관심 없던 것들이 새롭게 다가옵니다. 지금까지 알고 있던 유튜브에 대한 지식과 선입견이 얼마나 유치한 수준이었는가를 느낄 것입니다.

나 역시 불과 2년 전까지 그랬습니다. 오래전에 내가 강의했던 모습과 TV에 출연했던 동영상이 이미 다른 채널에 존재하고 있음도 그때 알았습니다. 누가 동영상을 올렸는지는 모르지만 말입니다. 그 정도로 유튜브 세계에 무지한 사람이었습니다.

그러니 걱정하지 마시고 유튜브의 바다를 헤엄치며 새로운 세계를 마음껏 구경하기 바랍니다. 다른 사람의 채널을 열심히 보세요. 이것 저것 가리지 말고 많이 보는 게 좋습니다. 다양성을 발견할 뿐 아니라 당신의 뇌에 '유튜브 DNA'를 넓고 깊게 퍼뜨려놔야 합니다. 그런 것을 통해서 나는 무엇으로 어떻게 방송할 것인지 스멀스멀 생각이 정리되고 아이디어가 떠오릅니다. 채널 기획을 하는 데 요긴할 뿐 아니라 앞으로 채널을 운영하는 내내 중요한 바탕이 됩니다.

한 가지 더 권하는 것은, 그렇게 다른 채널을 보면서 느낀 것들을 메모해두라는 것입니다. 다른 채널을 보면서 떠오르는 영감이나 아이디어를 즉각 기록해두세요. '나는 이런 콘텐츠로 해볼까?' '나도 이런 채널을 운영할까?' 또는 '나라면 이렇게 하겠다' 등 모든 생각을 기록하세요. 다른 채널을 보면서 떠오르던 많은 생각도 막상 당신의 채널을 운영할 때는 잘 떠오르지 않습니다. 그러므로 꼼꼼히 메모해야 합니다.

이 모든 과정이 당신의 채널을 만들고 운영하는 데 귀중한 기초가 됩니다. 유튜버로서 탁월한 감각을 키우는 훈련 과정입니다.

어떤 채널을
만들 것인가?

어떻습니까? 다른 채널, 다른 사람의 방송을 많이 봤습니까? 그래서 이것저것 아이디어를 얻었습니까? 슬슬 감이 잡힙니까? 영감이 떠오릅니까? 메모를 많이 했습니까? 그렇다면 그것들을 참고하며 이제 당신의 채널을 구상해야 합니다. 어떤 채널을 운용할지 기획을 하는 순서입니다. 어떤 1인 방송국을 만들지 계획을 세우는 것입니다. 채널에 대한 기획이 끝나야 좋은 채널 이름을 짓고 채널 등록을 하고 첫 방송을 하게 됩니다.

그런 면에서 내 경우는 채널 기획이 간단했습니다. 애초에 롤 모델 채널이 있었고 '자기계발'이라는 분야가 확정되어 있었기 때문입니다. 그러니까 이것저것 고려할 것 없이 시작할 수 있었습니다. 만약 당신도 그런 경우라면 간단합니다. 채널 기획이라 할 것도 없습니다.

그러나 그런 경우가 아니라면, 즉 이제부터 어떤 콘텐츠로 어떤 채널을 운영할지 탐색을 해서 결정해야 할 입장이라면 채널 기획을 잘해야 합니다. 그래야 실패하지 않습니다. 냉정하게 여러 조건을 잘 따져서 좋은 채널을 만들어야 합니다.

채널 구상, 채널 기획을 하는 법

★

유튜브의 성패는 여기서 좌우된다 할 수 있습니다. 때로는 채널을 기획하는 과정에서 "도무지 안 되겠다"며 포기하는 경우도 있을 수 있습니다.

어떤 채널을 운영할까? 채널의 정체성을 어떻게 할 것인가? 즉흥적으로 떠오른 생각으로 채널을 개설하고 그때그때 떠오르는 주제로 아무거나 방송할 수는 없습니다. 원리는 상식적인데 의외로 그런 사람이 많습니다.

장사를 하면 잡화상으로도 돈을 벌 수 있지만 유튜브는 그렇지 못합니다. 일반 방송국처럼 하루 24시간 줄기차게 방송을 한다면 뉴스에서부터 연속극, 예능 프로그램에 해외 탐사까지 광범위한 프로그램 편성이 가능하지만 유튜브는 일관된 콘텐츠의 정체성을 가져야 성공합니다.

욕심대로라면 대한민국, 아니 전 세계 사람 모두를 시청자로 삼고 싶겠지만 그런 콘텐츠가 당신에게 있을 확률은 거의 없습니다. 따라서 자신의 관심사, 능력, 체력, 기질, 나이, 성별, 심지어 경제적 형편까지 고려하여 어떤 규모로 어떤 콘텐츠를 다룰 것인지 심사숙고하여 확정해야 합니다.

예컨대 음악 채널이 아무리 인기 있다고 해도 당신에게 그런 능력이 없다면 불가능합니다. 해외 탐사 채널이 유용할 것이라 해도 당신에게 그런 체력과 경제력이 뒷받침되지 않으면 헛된 꿈입니다.

따라서 채널의 정체성, 콘셉트, 운영 방식, 미래지향 등을 총망라하는 채널 운용 계획을 세워야 합니다. 가급적이면 머릿속으로만 그리지 말고 실제로 종이를 꺼내놓고(또는 컴퓨터나 휴대폰 메모장에) 기획안을 만들어보는 게 좋습니다. 이때 고려할 사항은 다음과 같습니다.

첫째, 방송의 목적과 성격은 무엇으로 할 것인가?

당신이 생각하는 채널은 어떤 목적, 어떤 성격의 방송입니까? 그것을 한 줄로 표현해보세요. 나 같은 경우 "〈조관일TV〉는 직장인의 자기계발에 유용한 정보를 제공한다"로 표현됩니다.

방송의 목적과 성격을 분명하게 해야 방송의 정체성이 확실해지며 일관된 방송을 할 수 있습니다. 그것은 또한 시청자층을 분명하게 붙잡는 효과를 나타냅니다. 이것은 채널 이름을 짓는 데도 영향을 미칩니다. 이왕이면 방송의 성격을 잘 드러내는 이름이 좋으니까요.

둘째, 내가 잘할 수 있는 것은 무엇인가?

남들이 하는 방송 콘텐츠가 아무리 대박이 났더라도 당신이 할 수 없으면 말짱 황입니다. 예컨대 게임 관련 유튜버가 엄청난 수입을 올려 부럽더라도 아직까지 게임의 '게' 자도 모르는 사람이 그런 방송을 하기는 쉽지 않을 것입니다(물론 배워가면서 할 수는 있겠지만).

패션이나 요리 채널이 인기 있지만 그쪽으로 감각이 없거나 지금까지 관심의 대상이 아니었다면 그 역시 성공하기 힘듭니다.

당신의 상황을 유심히 점검해보시죠. 당신에게는 어떤 특기가 있습니까? 어떤 관심사가 있습니까? 그 특기와 관심사를 조금만 변형하거나 발전시키면 혹시 유튜브 방송거리가 될 수 있는지 잘 생각해보세요. 있다면 바로 그것을 채널의 정체성으로 삼으면 됩니다.

셋째, 어떤 형태의 방송을 할 것인가?

채널의 내용이 결정됐다면 어떤 식으로 방송할 것인지도 구상해야 합니다. 예컨대 1인 방송으로 할 것인지, 채널 〈영국남자 Korean Englishman〉처럼 2~3인의 동료와 함께 할 것인지, 아니면 가족이 출연하는 형태인지 등을 말입니다.

또한 야외촬영을 포함할 것인지 아니면 스튜디오(집)에서만 할 것인지, 체험을 보여주는 것인지 아니면 뉴스 방송이나 강의를 하듯 말로만 하는 방송인지도 결정해야 합니다.

그뿐만 아니라 직접 당신이 출연하여 방송할 것인지, 또는 얼굴을 드러내는 대신 캐릭터를 사용할 것인지, 아니면 자막이나 음성만 사용할 것인지도 결정해야 합니다.

이런 것이 결정돼야 나중에 전문가를 만났을 때 그에 적합한 기술을 배울 수 있습니다. 여러 가지 질문할 것도 생기고요. 그럼으로써 짧은 시간에 집중적으로 학습할 수 있습니다. 당연히 학습의 효율이 높아지겠죠.

이상 3가지를 꼼꼼히 구체적으로 기록할 필요가 있습니다. 그 밖에 방송시간이나 주기, 그리고 장비에 관한 사항과 투자비용, 그리고 미래에 대한 확산적 구상을 해두는 것도 좋을 것입니다. 이렇게 채널 구상을 끝낸 후에 채널 이름을 짓고 등록하는 게 순서입니다.

12

어떤 콘텐츠로
방송할 것인가?

앞에서 채널 기획을 할 때 두 번째로 해야 할 것이 '내가 잘할 수 있는 것은 무엇인가'를 검토하는 것이라고 했습니다. 이것이 바로 어떤 방송, 어떤 콘텐츠로 할 것인지 구상하는 것인데 좀 더 구체적으로 설명하겠습니다. 이 부분이 채널의 성공 여부를 결정짓는 핵심입니다.

당신의 언변이 아무리 뛰어나고 기술적으로 완벽해도 콘텐츠가 시청자들에게 어필하지 못하면 성공할 수 없습니다. 제아무리 입지 조건이 좋고 건물이 멋지고 내부 인테리어가 화려해도 음식 맛이 없으면 식당에 손님이 오지 않는 것과 같은 이치입니다.

방송 콘텐츠를 찾아내는 법

★

유튜브를 하고자 할 때 가장 먼저 부딪치는 난관이 바로 콘텐츠입니다.

'과연 무슨 내용으로 방송을 할 것인가?'

이것 때문에 사람들이 쉽게 엄두를 내지 못합니다. 대개 컴퓨터나 편집 프로그램을 다루는 기술적인 부분에 신경을 쓰지만, 촬영부터 업로드에 이르는 기술적인 문제는 사실 간단합니다. 조금만 배우면 됩니다. 그러나 콘텐츠는 금방 배워서 될 일이 아닙니다. 유튜브 채널을 운영하는 내내 스트레스로 작용합니다.

사람들은 나에게 말합니다.

"조 박사는 예전부터 갈고 닦아온 전문 분야가 있으니까 콘텐츠 걱정을 안 하지. 도대체 난 뭘 갖고 유튜브를 해?"

그렇습니다. 그런 면에서 나는 '준비된 유튜버'라 할 수 있습니다. 그러나 방송을 하면서 깨달았습니다. 준비된 콘텐츠가 있었기 때문에 그만큼 구속된 면도 있다는 것을 말입니다. 만약 오랫동안 갈고 닦은 분야 없이 맨땅에 헤딩하듯 유튜브를 하게 됐다면 더 다양한 분야를 탐색했을지 모릅니다.

결론적으로, 준비된 콘텐츠가 없다 하더라도 얼마든지 할 수 있다는 말이 됩니다. 실제로 유튜브를 하는 사람 중에 오랫동안 한 분야를 파고들어 준비된 콘텐츠가 있는 사람이 몇이나 되겠습니까? 그런 분야가 있다면 없는 것보다 낫겠지만 없으면 만들면 됩니다. 오히려 다양한 분야를 검토 대상에 올릴 수 있습니다.

11장 '채널 기획하기'에서 언급한 바 있지만 당신이 잘할 수 있는 분야, 평소에 관심을 갖는 분야, 왕성하게 호기심을 끄는 분야, 취미 삼아 이미 하고 있는 분야, 조금만 변형하거나 발전시키면 가능성 있는 분야를 콘텐츠로 삼으면 됩니다.

예컨대 악기를 잘 다룬다거나 노래를 잘 부른다면 그 자체가 콘텐츠는 아니지만 그 특기를 활용하여 채널을 운영할 수 있습니다. 또한 음식을 잘 만들지는 못하지만 음식 만들기에 왕성한 호기심과 흥미가 있다면 그것을 활용할 수도 있습니다.

요리를 못하는데 요리 방송을 한다고? 그렇습니다. 오히려 음식을 못하는 사람이 좌충우돌하며 발전해가는 과정을 보여줌으로써 시청자의 호응을 얻을 수 있습니다. 시청자의 심리란 참 묘해서 어느 분야에 통달한 사람에게 배우려고 하는 반면에 거꾸로, 자기와 마찬가지로 잘 못하는 사람이 고군분투하며 성장해가는 과정에서 동류의식을 느껴 팬이 되기도 합니다.

하여간 방송 콘텐츠가 채널의 성공 여부를 결정하기에 심사숙고해서 결정해야 합니다. 그래서 콘텐츠를 결정하기 전에 다른 채널을 많이 보라는 것입니다. 선택의 폭을 넓히기 위해서입니다. 사람들이 어떤 콘텐츠에 몰리는지 알 수 있기 때문입니다.

세상에 별별 사람이 다 있듯 별별 콘텐츠가 다 있습니다. 엄청 다양합니다. 그런 것을 보면서 어떤 콘텐츠에 필이 꽂히는지 느낌이 옵니다. '어? 이런 건 나도 할 수 있는데…'라는 판단이 설 수도 있고, '이런 걸로 해볼까?'라며 호기심을 끄는 것이 나타납니다. 이쯤 되면 이제 당신의 선택과 결정만 남았습니다. 그것으로 하면 됩니다.

13

콘텐츠를 결정할 때
고려할 것들

채널의 성공 여부는 콘텐츠에 달렸기에 계속해서 설명을 이어갑니다. 방송의 콘텐츠는 나처럼 자기계발과 관련된 것일 수도 있고, 박막례 할머니의 채널 〈박막례 할머니 Korea Grandma〉같이 일상에 관한 것으로 할 수도 있습니다. 과학 지식을 탐구하는 차원 높은 콘텐츠일 수도 있고, 농사짓는 것이나 그림 그리는 것, 세탁이나 자동차 정비 등 자신이 하는 일과 관련된 것으로 할 수도 있습니다. 심지어 집에서 늘 하는 홈트(홈 트레이닝)를 콘텐츠로 삼아 수십만 명의 구독자를 확보한 채널도 있습니다.

다시 한 번 권하지만 제발이지 머릿속으로 상상하여 판단하지 말고 실제로 많은 동영상을 보시기 바랍니다. 머릿속으로 생각하면 방송 영역이 10여 가지밖에 떠오르지 않지만, 실제로 검색해보면 100가지 이상으로 영역이 확대될 수 있습니다.

조사에 따르면, 사람들이 하고 싶은 유튜브 콘텐츠 분야는 '일상'(31.1%)이 1위를 차지했습니다. 그다음으로 '게임'(13.9%), '먹방'(10.4%), '요리'(6.3%), '음악'(5.9%), '교육'(5.6%), '뷰티'(5.1%) 등의 순입니다("성인 10명 중 6명 '유튜버 꿈꾼다'…月 기대수입 396만원", 뉴시스, 2019. 10. 21).

여기서 주목할 것은 콘텐츠 분야 1위를 차지한 '일상'입니다. 그것을 콘텐츠로 삼으려 한다는 것은 대체로 준비된 콘텐츠가 딱히 없다는 것을 의미합니다. 바로 이 부분에서 준비된 콘텐츠가 없는 사람도 유튜브를 할 수 있다는 가능성과 희망을 발견합니다.

비록 준비된 콘텐츠는 없지만 자신의 직장생활이나 사회활동 등 평범한 일상을 세밀히 분석하여 잘 구성하면 채널을 운영할 수 있기에 도전해보려는 것이죠.

콘텐츠를 선정할 때는 다음 3가지를 고려하시기 바랍니다.

콘텐츠를 선정할 때 고려할 3가지

★

첫째, 기존의 범주에 구속되지 말 것.

앞에서 소개한 설문조사 결과를 보면 콘텐츠의 범주가 '일상'을 비롯하여 7개 분야에 불과합니다. 그러나 그 범주에 구속될 필요는 없습니다. 위에 열거된 것은 설문조사에서 예시된 항목이라는 점을 잊지 마세요. 주관식 설문이 아니라 객관식 설문일 것입니다.

그러니까 설문 항목에 예시되지 않은 분야도 많습니다. 뿐만 아니라 하나의 분야라도 세부적으로 들어가면 무궁무진한 콘텐츠가 존재합니다. 그러기에 '나는 여기에 해당되는 것이 없으니 안 되겠네'라고 생각하시면 안 됩니다. 기존의 범주에 얽매이지 마시고 당신의 길을 찾으세요. 남들과 달리 독특하면 할수록 그만큼 성공할 가능성도 커집니다.

둘째, 목표 시청자를 분명하게 할 것.

콘텐츠를 결정할 때 과연 누가 그것을 볼 것인지 고려하는 것은 당연합니다. 당신으로서는 매우 좋은 콘텐츠지만 시청자층이 너무 엷다면 수익성에서 문제가 발생할 수 있습니다. 욕심 같아서는 모든 계층을 시청자로 삼고 싶지만 그렇게 되기는 힘듭니다.

또한 당신의 나이나 성별에 따라서도 시청자가 달라집니다. 나의 경우, 방송 콘텐츠가 자기계발에 관한 것이니까 얼핏 생각하면 젊은 신입사원부터 인생 2막을 사는 은퇴자까지 모두가 시청할 것 같지만 실제로 해보니 그렇지 않습니다. 예상을 빗나갔습니다.

유튜브에서 게시하는 내 채널의 정보에 따르면, 내 채널을 보는 사람 중에 40세 이하 시청자는 10%에 불과합니다. 40세 이상이 90%라는 말입니다. 아마도 70대의 '꼰대'가 하는 방송이기에 콘텐츠가 좋고 나쁘고를 떠나서 젊은 층이 시청을 꺼리는 것도 이유의 하나라 판단합니다. 방송 내용은 분명히 신입사원, 아니 취업을 앞둔 대학생에게도 유익한 것이지만 그들은 시청하지 않습니다. 또한 시청자 중에 남성과 여성의 비율이 65 대 35 정도 되는 것도 내가 남성인 것이 영향을 주었다고 생각합니다.

따라서 당신의 콘텐츠와 더불어 당신 개인의 조건 등을 감안하여 어떤 계층을 시청자로 삼을 것인지 목표를 명확히 하고 채널을 운영해야 합니다.

셋째, 지속 가능 여부를 판단할 것.

다음으로 판단할 것은 당신의 콘텐츠로 과연 얼마 동안이나 방송을 지속할 수 있는지 여부입니다. 지금 준비된 콘텐츠가 많아야 한다는 의미가 아닙니다. 지금은 준비된 것이 없더라도 그 분야로 방송을 할 경우 오랫동안 지속 가능하냐 아니냐를 따져보라는 것입니다.

소재가 금방 고갈되는 콘텐츠라면 당연히 적절한 콘텐츠가 아닙니다. 1~2년 정도 유튜브를 운영하고 그만둘 생각이라면 아예 시작할 필요가 없는 거죠. 그런 면에서 '일상'을 콘텐츠로 잡는 것은 강점이 됩니다. '일상'이 별것 아닌 것 같지만 의외로 변화무쌍하기에 오랫동안 지속할 수 있으니까 말입니다. 단, 그 일상의 수준과 내용이 시청자들에게 어필하느냐 아니냐는 별개의 문제입니다.

이미 다른 채널이 다루는 콘텐츠라면?

★

유튜브 콘텐츠를 선택할 때 남들이 이미 다루고 있는 콘텐츠는 피하려는 경향이 있습니다.

"이러이러한 콘텐츠로 해보세요"라고 권하면 "그건 다른 채널에서 잘하고 있는걸요"라는 대답이 돌아옵니다.

이왕이면 독특하고 개성 있는 채널을 운영하려는 의도는 이해합니다. 좋은 것입니다. 그러나 남들이 다루고 있는 콘텐츠를 벗어나 당신만의 콘텐츠를 찾기란 쉬운 일이 아닙니다. 나의 경우 자기계발을 콘텐츠로 합니다만 이미 다른 사람들이 충분히 다루고 있는 콘텐츠입니다. 따라서 당신이 잘할 수 있고 재미있어 하는 콘텐츠라면 다른 채널에서 다루고 있더라도 승부를 걸어야 합니다. 방식을 달리하면 됩니다.

같은 범주의 콘텐츠라도 당신이 남의 것을 그대로 베끼지 않는 한 당연히 세부적인 내용은 다를 수밖에 없습니다. 모방하거나 벤치마킹한다고 해서 문제가 될 것은 전혀 없습니다. 같은 주제를 방송하더라도 어차피 다를 수밖에 없습니다. 목소리가 다르고 영상이 다르며, 내용이나 해석 또한 당신 특유의 것이 될 수밖에 없습니다.

예컨대 김치찌개를 끓이는 동영상을 올린다고 해서 다른 사람의 그것과 똑같아지지는 않습니다. 의도적으로 똑같게 하지 않는 한 주방이 다르고 분위기가 다릅니다. 요리하는 사람도 다르고 레시피가 조금이라도 다르며, 설명하는 방식 또한 달라집니다. 그렇지 않고 완전히 똑같다면 그건 표절이죠.

같은 분야의 콘텐츠라도 어떤 이는 다른 사람의 동영상을 좋아할 것이고, 또 어떤 사람은 당신의 것을 좋아할 수 있습니다. 사람의 취향은 각양각색, 10인 10색이니까요.

유튜브의 강점은 남과 비교하면서 경쟁하는 체계가 아니라는 점입니다. 서로 승리할 수 있는 '윈-윈'의 세계가 유튜브입니다. 그러니 다른 채널을 참고하며 더 좋은 내용으로 방송하면 됩니다. 더 좋은 내용이란 바로 시청자가 선호하는 것이요, 그것은 차별성에서 드러납니다. 그러니 이미 다른 채널이 다루고 있다는 걱정은 뒤로하고 당신만의 특색을 담으면 됩니다. 염려 말고 당신의 방식으로 시도하시기 바랍니다.

14

콘텐츠, 생각하면
얼마든지 찾을 수 있다

퇴직을 앞둔 사람들에게 "앞으로 어떤 일을 할 것인가?"라고 물으면 상당수가 "자영업을 하겠다"라고 대답합니다. 다시 "자영업 중에 어떤 자영업인가?"라고 질문하면 식당, 카페, 프랜차이즈 음식점 등 음식 관련 응답이 대부분입니다. 생각하는 폭이 확 줄어듭니다.

마찬가지로 은퇴 후 "소일거리로 무엇을 할 것이냐?"라고 물으면 고작 등산이나 친구 만나기, 여행, 자서전 쓰기, 맛집 탐방, 텃밭 가꾸기 등 몇 가지밖에 대답을 못 합니다. 그러나 세상에 자영업의 종류는 많으며 소일거리 또한 무궁무진합니다. 내가 퇴직자와 은퇴자를 위해 쓴 《노후는 없다》라는 책에만도 120여 가지 소일거리가 소개돼 있습니다.

유튜브 콘텐츠도 그렇습니다. 얼핏 생각하면 선택의 폭이 상당히 좁을 것 같지만 찾으려 들면 무수히 많은 분야가 발견됩니다. "사람에게는 누구나 자기만의 콘텐츠가 있다"라는 말이 있습니다. 콘텐츠 때문에 유튜브하기를 머뭇거리는 사람에게 가장 들려주고 싶은 말입니다.

어떤 콘텐츠로, 어떤 채널을 운영할지 아직도 감이 잡히지 않는다면 일단 내가 구분한 다음의 21가지 분야를 잘 살펴보시기 바랍니다. 아울러 21가지 분야에서 파생될 수 있는 콘텐츠는 훨씬 많습니다. 당신의 콘텐츠를 찾고 채널을 만드는 데 도움이 되기를 바랍니다.

대표적인 콘텐츠 21

★

① 외국어 배우기

당신이 외국어에 능통하다면 쉽게 배우는 것을 콘텐츠로 할 수 있습니다. 또는 외국어를 전혀 못하는 사람이라면 언어를 배우는 과정을 콘텐츠로 방송할 수도 있고요.

② 뷰티, 메이크업, 스타일링

이 분야에 취미나 특기, 직업적 연관성이 있으면 선택할 만합니다. 거꾸로 박막례 할머니처럼 그 분야에 특기가 있어서가 아니라 노인으로서의 경험과 일상을 사례로 소개하는 경우도 있습니다.

③ 요리, 음식 관련

요리, 음식 관련 콘텐츠는 인기가 좋습니다. 자기만의 요리 비법을 소개하거나 건강에 좋은 음식을 만드는 것 등으로 채널을 운영하면 됩니다.

④ 학문

과학, 심리학, 철학 등 조금은 딱딱할 수 있는 내용을 쉽게 풀어주는 콘텐츠도 추천합니다. 대표적인 채널로 〈1분과학〉이 있습니다.

⑤ 건강, 의료, 치료 관련

의사, 약사, 치료사 등 건강 관련 콘텐츠를 가지고 있는 사람들이 많이 다루는 분야입니다.

⑥ 솜씨

악기 다루기, 그림 그리기, 공예, 뜨개질, 여러 가지 만들기 등 자신의 솜씨나 재주 등을 콘텐츠로 하는 것도 좋습니다.

⑦ 헬스 관련

헬스, 몸매 만들기에 관련된 콘텐츠가 의외로 많습니다. 자신의 일상과 함께 공개하는 재미도 있습니다.

⑧ 법률 관련

세상이 복잡해지면서 고소장 쓰기, 부동산 거래, 차량 사고, 각종 계약 등 생활법률의 수요가 폭증하고 있습니다. 그런 지식을 사례와 함께 다루는 콘텐츠도 괜찮습니다.

⑨ 명상, 요가, 심리치료

이 분야에 지식 또는 기능이 있다면 충분히 좋은 콘텐츠입니다.

⑩ 자기주장

현재 이슈가 되고 있는 여러 주제에 대하여 자기의 주장을 펴는 콘텐츠입니다. 대표적인 것으로 정치 관련 콘텐츠가 있습니다. 논쟁을 일으키는 대신 뜨거운 관심을 끌 수 있습니다.

⑪ 교육

자기의 관심 분야 또는 시청자의 관심 분야에 대하여 잘 정리해서 이해를 돕는 채널입니다. 대개 강의식으로 진행되고 나의 경우가 여기에 해당합니다.

⑫ 인터뷰

세상에 잘 알려진 사람, 뉴스의 인물, 독특한 경험자 등을 인터뷰하는 콘텐츠입니다. 아마도 발품을 많이 팔아야 할 것입니다.

⑬ 재배, 사육

농사를 짓거나 동물을 사육하는 것, 반려동물 키우기 등을 내용으로 하는 콘텐츠입니다.

⑭ 놀이

어린아이들의 놀이는 물론이고 성인들의 놀이 또는 가족 단위의 놀이 등 재미있는 놀이를 포함하여 인생을 즐기는 법에 관한 콘텐츠도 유용합니다.

⑮ 제품 비교, 리뷰

여러 제품을 써보고 성능을 알려주거나 경쟁 제품과 비교 분석하는 등의 콘텐츠입니다. 이런 채널이 의외로 구독자가 빠르게 증가합니다.

⑯ 방법

무엇을 만드는 방법이나 작동시키는 방법 등 사람들이 궁금해하는 '방법'만을 콘텐츠로 삼는 것입니다.

⑰ 책 소개

신간은 물론이고 고전 등 자신이 읽은 책, 또는 요즘 관심을 모으는 책 등을 대신 읽어주거나 리뷰해주는 콘텐츠입니다.

⑱ 영화 리뷰

영화광이라면 도전해볼 만하겠죠?

⑲ 여행

여행을 좋아하는 사람이라면 이것도 매우 좋은 콘텐츠입니다. 전 세계를 대상으로 할 수도 있고 국내만을 여행하며 할 수도 있습니다.

⑳ 지역 소개

내가 사람들에게 자주 권하는 콘텐츠입니다. 자기가 살고 있는 지역을 샅샅이 소개하는 콘텐츠는 정말 해볼 만합니다.

㉑ 맛집, 명소 관련

방송인 이영자 씨가 전국의 고속도로 휴게소 음식으로 먹방을 해서 인기 폭발이었죠. 그런 식으로 전국의 독특한 음식점이나 맛집을 소개하는 콘텐츠도 좋습니다. 식도락가라면 딱이죠.

어떻습니까? 이렇듯 별별 콘텐츠로 유튜브 채널을 운영할 수 있습니다. 그러니 좁게 생각하지 말고 시야를 확 넓혀서 콘텐츠를 찾으세요. 찾겠다고 작정하면 얼마든지 찾을 수 있습니다.

3부

채널 개설과
동영상 올리기

★

채널 이름부터
동영상 제작까지

준비가 끝났으니 이제 본격적으로 채널의 간판을 걸고 동영상을 찍어 편집할 차례입니다. 초보 유튜버들이 가장 겁내는 부분이기도 합니다. 겁먹지 마세요. 사실 유튜브를 할 때 기술적인 부분은 어려운 것이 아닙니다. 단순합니다. 단, 어떤 편집 프로그램을 선택할 것인지부터, 이왕 배우려면 처음부터 제대로 확실하게 배워야 합니다.

15

이제 나만의
채널을 만들자

모든 준비가 끝났습니다. 여기까지 오기가 힘듭니다. 이 책의 분량으로 봐도 여기까지 설명이 길어졌습니다. 의외로 많은 시간(지면)이 필요했네요. 여기까지 여러 스토리로 당신을 설득했습니다. 때로는 비슷한 이야기를 중언부언하고 때로는 겁도 주면서 말입니다.

이제는 채널을 만들고 방송을 하면 됩니다. 사람들은 유튜브를 생각하면 촬영, 편집, 동영상 만들기 등 기술적인 것들을 머리에 떠올리지만 그것은 단순 작업입니다. 은근히 겁먹던 것에 비하면 간단합니다. 오죽하면 유튜버들 사이에서 그런 작업을 '노가다'라고 하겠습니까. 단순한 동작이 반복되는 막노동이라는 의미입니다.

채널 이름을 짓는 데도 요령이 있다

★

당신의 채널을 등록하려면 그 전에 채널의 이름을 만들어야 합니다. 여기에 특별한 원칙이 있는 것은 아니지만 약간의 요령은 있습니다. 자기의 이름을 걸고 나처럼 〈조관일TV〉라고 할 수도 있고, 〈모야모야〉 〈뽀따TV〉 등 기억하기 쉽고 입에 착 달라붙는 닉네임으로 이름을 지어도 좋습니다. 아기가 태어났을 때 의미 있고 부르기 쉽고 기억하기 쉬운 이름을 짓듯이 채널 이름도 마찬가지입니다. 채널 이름을 지을 때는 다음과 같은 점을 고려해야 합니다.

첫째, 같은 채널 이름은 피할 것.

같은 이름을 피하는 건 상식입니다. 그런데도 꾸역꾸역 이미 있는 채널명과 같은 이름을 고집하는 사람이 있습니다. 또는 이미 있는 채널명에 한 단어를 덧붙여 짓기도 하는데 좋은 방법은 아닙니다. 왜냐하면 같은 이름일 경우 앞서서 활동하는 채널이 검색에 우선될 수 있을 뿐만 아니라 시청자들이 헷갈릴 수 있기 때문입니다. 따라서 구글, 유튜브, 네이버, 다음 등을 모두 검색해서 없는 이름으로 짓기를 권합니다.

내가 〈조관일TV〉라고 이름 지은 이유는 앞에서 설명한 바 있지만, 아무리 좋은 뜻이 있다 하더라도 이미 같은 채널이 있었다면 당연히 다른 이름으로 했을 것입니다. 다행히(?) 내 이름은 평범한데 이상하게

도 희소성이 있습니다. 지금은 사라지고 없지만 예전에는 엄청 두껍고 큰 전화번호부라는 게 있었습니다. 공중전화 부스에 들어가면 끈으로 매달아놓기도 했죠. 그 시절에 내 이름을 전화번호부에서 찾아보면 딱 저 한 사람밖에 없을 정도로, 평범한 것 같으면서도 드문 이름입니다. 그러기에 주저 없이 제 이름으로 채널명을 삼았습니다.

둘째, 집착하지 말 것.

간혹 보면 자기 이름(실명)에 집착한 나머지 고집을 피우는 사람이 있습니다. 아마도 이름을 알리고 싶은가 보죠? 또는 실명이 아닌 닉네임으로 채널명을 만들 때도 자기의 아이디어에 너무 집착한 나머지 반드시 그것만을 고집하는 사람이 있습니다. 발상을 유연하게 해야 합니다. 설령 세상에 단 하나뿐인 이름이라도 기억하기 어렵게 복잡하거나 억지로 말을 만든 채널명은 피하는 게 좋습니다. 세상에 좋은 이름이 그것 하나뿐인 건 아니잖습니까?

셋째, 방송 이미지와 어울리게 할 것.

채널 이름은 독창적이면서 기억하기 쉬운 것으로, 거기에 재미까지 있으면 더 좋겠죠. 채널 이름에 어떤 의미를 부여해도 좋고, 그냥 발음하기 편하게 해도 됩니다. 그야말로 엿장수 맘대로입니다.

예컨대 별 의미 없이 느닷없이 떠오른 이름이 '뻥땅'이라면 그대로 이름 붙여도 괜찮습니다. 뻥땅! 입에 착 달라붙고 기억하기 쉽고 재미

있지 않습니까(이 글을 쓰는 현재 이런 채널은 없는 것 같습니다. 책이 나올 즈음엔 어떨지 모르겠네요).

가능하다면 방송의 내용이나 이미지, 시청자에게 주려는 메시지와 어울린다면 금상첨화겠죠. 대표적인 채널을 꼽으라면 〈TV홍카콜라〉나 〈알릴레오〉, 심지어 〈엄마, 내가 알려줄게〉라는 채널 이름도 있습니다. 이름만 봐도 대충 어떤 방송인지 짐작이 갑니다. 이때 채널명 앞이나 뒤에 'TV'를 붙이는 경우가 있는데 아무래도 상관없습니다. 또한 〈백종원의 요리비책 Paik's Cuisine〉처럼 영어 이름을 붙여 해외 시장까지 노릴 수도 있습니다.

이름보다 더 중요한 것

★

흥미로운 사실은 대충 지은 이름이라도 성공하고 나면 다르게 보인다는 사실입니다. 그러니 이름보다 중요한 것은 어떻게 성공하는 채널이 되느냐 하는 것입니다.

《유튜브의 神》으로 잘 알려진 〈대도서관TV〉 아시죠? 워낙 유명한 이름이요, 유튜버의 선구자 같은 채널입니다. 인기 유튜버의 수입이 몇 억 원이라는 소문이 요즘은 예삿일이 됐지만, 처음 그런 바람을 불러일으킨 게 바로 '대도서관'입니다.

그런데 '대도서관'이라면 어떤 인상이 떠오릅니까? 이거야말로 자기계발 관련 채널인 것 같습니다. 아니면 수능 시험 관련 채널이거나, 정말로 도서관이나 서점 또는 책 관련 채널처럼 느껴질 것입니다. 그러나 그런 것과는 관계없습니다.

그런데 왜 '대도서관'일까요? 2010년 가을, 채널 이름을 고민하던 그는 게임 '문명'에 등장하는 불가사의의 건축물 '알렉산드리아 도서관'의 애칭인 '대도서관'이 문득 떠올랐답니다. 그래서 "에라, 모르겠다" 하는 심정으로 결정한 채널 이름이랍니다.

솔직히 말해서 매력적이거나 콘텐츠와 잘 어울리는 이름은 아닌 것 같습니다. 그러나 그 채널이 워낙 크게 성공하니까 어떻게 다가옵니까? 뭔가 있어 보이고, 모든 걸 품는 멋진 채널로 느껴지고, 심지어 학문적이기까지 합니다.

세상만사가 다 그렇습니다. 이름보다 성공하는 게 중요합니다. 당신이 만든 채널 이름이 별 볼 일 없는 것 같더라도 크게 성공하고 많이 유명해지면 별 볼 일 있는 것처럼 느껴집니다. 그러니 채널 이름 짓는 일에 너무 매달리지 말고 이제 결론을 내리시기 바랍니다.

16

유튜브 채널
만드는 법

채널 이름이 결정됐으면 유튜브에 등록을 해야겠죠? 이제 드디어 1인 방송국이 만들어지는 겁니다. 한마디로 간판을 다는 거죠. 요령은 아주 간단한데 글로 설명해서 이해시키기가 힘듭니다. 글을 읽어서는 쉽게 이해되지 않습니다.

그러면 어떻게 한다? 간단합니다. 문제가 발생할 때는 언제나 유튜브를 보면 됩니다. 유튜브 세계는 그야말로 무궁무진해서 없는 게 없습니다. 당신의 방송국 개국을 도와주기 위해 많은 '동지'들이 대기하고 있으니까요.

채널 만들기와 꾸미기

★

유튜브에 들어가서 '유튜브 채널 만들기'를 검색하면 끝입니다. 앞에서 이미 다뤘던 '구글 계정 만드는 법'부터 '채널 만드는 법'에 이르기까지 종합적으로 설명하는 동영상이 많습니다. 그중에서 1~2개를 골라 보고 그대로 따라 하면 됩니다. 설명이 부족하면 다른 것을 더 보면 되고요. 쉽죠? 여러 개의 동영상 중에서 2개만 소개합니다. 물론 이 동영상이 제일 뛰어나다는 것은 아닙니다. 내가 해보니 이 정도면 충분할 것 같아서 예시합니다.

◎ 채널 : 노마드클로이
◎ 제목 : 구글 계정 만드는 법 + 초간단 유튜브 채널 만들기[하루 10분 유튜브]

유튜브에서 제목을 검색하면 곧바로 이 동영상을 볼 수 있습니다. 하나 더 소개합니다.

◎ 채널 : 유튜브랩 Youtubelab
◎ 제목 : 유튜브 채널 개설하는 법!

채널을 만드는 것은 매우 간단합니다. 이제 채널을 멋지게 꾸미는 일이 남았습니다. 채널 아이콘과 채널 아트를 만들어야 합니다. 채널 아이콘이란 채널의 '로고'를 말하며, 채널 아트란 채널의 배경으로서 시청자가 당신의 채널을 방문했을 때 가장 먼저 보게 되는 이미지입니다.

나는 처음에 이런 게 있는 줄도 모르고 채널만 등록한 채 편집을 배우고 동영상을 올렸습니다. 그렇게 몇 개월이 흐르고 구독자가 1만 명에 이르렀을 때 H신문사의 H기자가 나를 인터뷰하러 왔습니다. 인터뷰 목적은 내 책과 관련된 것이었는데 인터뷰를 끝내고 내 유튜브를 검색해본 젊은 기자가 채널 아트조차 없다는 것을 알게 됐습니다. 아마 어이가 없었을 것입니다. 아니면, 나이 든 사람이 그렇게 하고도 구독자 1만 명을 모은 것이 대견하거나(?) 안쓰러웠던 모양입니다. 그가 말했습니다.

"채널 아트를 제가 만들어드릴까요?"

그의 제의에 내 반응은 이랬습니다.

"채널 아트가 뭐죠?"

지금 생각하면 우습기 그지없습니다. 그렇게 하여 그가 만들어준 것이 지금까지 사용하고 있는 채널 아트입니다. 이제는 분위기를 바꾸고 싶은 마음이 들기도 하지만 내 유튜브의 역사(?)와 스토리가 남긴 것이라 그대로 사용하고 있습니다(H기자님, 유튜브를 볼 때마다 늘 감사하고 있습니다).

그럼 당신은 어떻게 하면 될까요? 역시 유튜브에 '채널 아트 만드는

법'을 검색하면 그것에 관한 요령이 수두룩하게 나옵니다. 하나만 소개합니다.

◎ 채널 : 이성원강사

◎ 제목 : 채널아트 파워포인트로 쉽게 만들기

채널 아트는 기자가 만들어줬지만 위의 채널 〈이성원강사〉는 내가 유튜브를 하면서 여러모로 많은 도움을 받은 곳입니다. 초보 유튜버가 궁금해할 여러 콘텐츠가 잘 설명되어 있어 그것을 보면서 문제를 해결했습니다. 고맙다는 인사를 드립니다.

힘든 과정을 성취의 보람으로

★

젊은이들은 유튜브 동영상을 검색해서 채널 정도는 뚝딱 만들지만 컴퓨터에 익숙하지 않은 사람은 동영상으로 설명되는 유튜브를 봐도 헷

갈리고 뭐가 뭔지 모를 수 있습니다. 그럴 땐 속이 탈 것이고 머리에 쥐가 날지도 모릅니다.

그러나 이걸 잊지 마세요. 그런 과정을 통해서 서서히 유튜브에 익숙해지고 유튜브 채널을 운용하는 기술이 늘게 됩니다. 실력이 향상된다는 말입니다. 그러니까 뭐가 뭔지 모르겠다 싶더라도 동영상을 보면서 그 내용을 메모하고, 그에 따라 당신이 직접 해보는 것이 바로 유튜브의 기술을 익히는 공부의 과정입니다.

세상에 쉬운 일이 어디 있습니까. 누워서 떡 먹기도 쉬운 일이 아닌데 말입니다. 하물며 직업을 하나 창조하고 수익을 창출하는 일인데 이 정도의 수고는 당연한 것으로 받아들여야 합니다.

뭐가 뭔지 모르는 이야기를 암호 해독하듯이 하나씩 풀고 해결해가면서 드디어 해냈다는 성취감과 보람을 느끼게 됩니다. 그러니 "뭐 이렇게 까다롭고 힘드냐?" "설명이 답답하다"고 불평하지 마세요. 그 과정을 즐기면서 하세요. 시간이 흘러 익숙해지고 나면 당신이 느낀 불편함을 참고하여 훨씬 더 상세하고 쉬운 방법을 방송하시면 됩니다. 벌써 방송 주제 하나를 건진 셈이 되네요. 아시겠죠, 어떻게 하는지를?

17

동영상 편집을
어떻게 하지?

당신의 채널이 이제 정식으로 등록됐습니다. 이제부터 방송을 해야겠죠? 방송에는 생방송이 있고 녹화방송이 있는데 이 책에서는 생방송 부분은 다루지 않습니다. 요령도 까다로울 뿐 아니라 방송의 위험성이 매우 커서 초보자는 일단 생방송 부분은 잊어버리는 게 좋습니다. 나중에 유튜브에 충분히 익숙해지고 생방송의 필요성을 느낄 때 배우면 됩니다.

녹화방송을 하려면 당연히 동영상을 제작해야겠죠? 이것이 바로 유튜버가 되는 본격적인 단계입니다. 여기서부터 기술적인 문제가 대두됩니다. 당신이 가장 막막해하는 부분이기도 할 것입니다. 그럼 어떻게 해야 쉽게 첫 방송을 할 수 있을지 하나씩 설명합니다.

동영상 제작을 외주 준다고?

★

"이 영상, 어떻게 만든 겁니까?"

내가 유튜브를 시작한 지 2개월쯤 됐을 때입니다. B씨의 채널에 올라온 동영상 화면과 편집 기술이 너무 좋아서 물어봤습니다. 애니메이션 기법을 활용했는데 시선을 끄는 것은 물론이고 1인 방송으로 어쩌면 이렇게 수준 높은 방송을 할 수 있는지 궁금했으니까요. 돌아온 답은 외주를 준다는 것입니다. 즉, 동영상 편집 전문가에게 맡겨 주문 제작을 해서 올린다는 것입니다.

"이왕 하는 것, 최고 수준의 동영상으로 제대로 해야겠습니다."

내가 놀라는 기색을 보이자 그는 목에 더욱 힘을 주고 말했습니다. 그렇게 투자할 수 있는 그의 능력과 배포가 부러웠습니다. 그런데 얼마 지나지 않아 흐지부지되고 말았습니다. 망한 거죠.

그는 1주일에 1편씩 동영상을 올렸는데 편당 40~50만 원 정도의 비용을 지불했답니다. 그러니까 한 달이면 200만 원 정도 든 셈이죠. 얼핏 '유튜브도 수입이 생기는 사업인데 그 정도는 당연히 투자해야지'라고 생각할지 모릅니다.

그러나 꿈 깨세요. 정말로 자기의 콘텐츠가 큰 수익을 낼 수 있는 것이라면 그 정도는 충분히 투자할 수 있습니다. 그러나 보통의 경우 매달 200만 원의 수익을 내기가 쉽지 않습니다. 선투자냐 후투자냐의 논쟁은 있을 수 있지만 섣불리 자신감 하나만 갖고 초기에 과잉투자를 하는 것은 삼가야 합니다. 제발이지 호화로운 화면에 신경 끄세요. 그리고 동영상 편집 정도는 자기 스스로 할 수 있어야 합니다.

아르바이트 전용 사이트를 활용하면 편당 10만 원 정도의 저렴한 비용으로 할 수도 있습니다. 그럼에도 다른 사람에게 의뢰하여 동영상을 제작하는 것은 신중해야 합니다. 확실한 이점이 없다면 재고할 필요가 있습니다. 여러모로 문제가 발생할 수 있기 때문입니다.

첫째, 완벽한 소통이 이뤄지지 않습니다.

유튜버가 머릿속으로 생각하고 상상했던 화면과 주문을 받은 사람이 만든 화면은 차이가 나게 마련입니다. 비록 크리에이터가 기술력은 없지만 기획력이나 디자인 상상력은 외주를 받은 전문가(이하 '외주자'라 하겠습니다)보다 훨씬 뛰어날 수 있습니다. 그럴 때는 동영상이 자기의 의도와 딱 맞아떨어지지 않아 그 자체가 큰 스트레스입니다. 마음에 들지 않으면 사람을 바꾸면 된다고요? 세상만사가 그렇게 간단하지 않습니다. 마음에 딱 드는 외주자를 만나기란 의외로 어렵습니다.

둘째, 신속한 동영상 업로드가 힘들어질 수 있습니다.

유튜버와 외주자의 의견을 일치시키며 화면을 조절하다 보면 당연히 시간이 걸립니다. 더구나 외주자가 당신만을 위해 항상 대기할 수도 없잖습니까. 그는 그 나름의 일을 해야 하는 사람이니까요. 그러니 신속하고 유연한 채널 운영이 어렵습니다.

셋째, 유튜버가 기술적으로 문외한이면 외주자에게 휘둘릴 수 있습니다.

칼자루는 외주자가 쥐게 됩니다. 갑과 을이 뒤바뀝니다. 경우에 따라서는 외주자가 비용을 올려도 따라갈 수밖에 없습니다. 뿐만 아니라 갑자기 건강에 문제가 생기는 등 외주자가 며칠이라도 일을 할 수 없는 상황이 벌어지면 어떻게 합니까? 여러모로 답답한 상황에 직면합니다.

이런저런 이유로 1인 미디어 유튜브는 크리에이터 자신이 동영상 편집에 관한 기술적 관리 능력을 가지고 있어야 합니다. 설령 조건이 맞아서 외주자를 활용하는 채널이라도 동영상을 편집하는 기술 정도는 기본적으로 갖춰야 합니다. 그래야 채널 운영이 매끄럽습니다.

물론, 구독자가 수십만 명에 달하고 한 달 수입이 1,000만 원을 넘어서는 기업형 채널이라면 기술적인 부분은 외주를 주거나 직원을 채용하여 해결하는 것이 합리적입니다. 크리에이터는 콘텐츠 발굴과 구성에 머리를 써야 하니까요. 그러나 1인 미디어로 소박한 채널을 운영하는 수준이라면 괜한 과욕으로 허세를 부리지 말고 동영상 편집 등의 기술적인 문제는 스스로 해결해야 합니다.

18

동영상 편집 기술
배우기

동영상 편집을 타인에게 의뢰할 경우에 어떤 문제가 있는지 알아봤습니다. 그러나 스스로 해결하기로 했다면 기술적인 부분을 어떻게 해결해야 하죠? 당연히 전문가로부터 배워야 합니다. 이제부터 어떻게 배울 것인지 알려드립니다.

먼저 촬영하기부터 보겠습니다. 이건 뭐 기술이랄 것도 없습니다. 아마 유튜브를 하지 않았어도 동영상은 가끔 찍어봤을 것입니다. 그렇게 하면 됩니다. 나의 경우 휴대폰을 거치대에 올려놓고 음성으로 명령을 내립니다. "동영상 촬영"이라고 말하면 자동적으로 촬영이 이뤄지죠. 카메라의 종류에 따라 다르겠지만 리모컨으로 작동시킬 수도 있고요. 이때 동영상의 비율은 '16 대 9'로 촬영해야 합니다.

문제는 영상 편집입니다. 초보 크리에이터가 가장 두려워하는 부분이죠. 이것 때문에 많은 이들이 유튜브를 할 엄두를 못 내는 겁니다. 배우고 나면 아무것도 아닌데 일단 겁부터 나죠. 컴퓨터에 익숙한 젊은 사람들은 쉽게 배웁니다. 유튜브에 동영상 편집을 알려주는 동영상이 엄청 많으니까 그것을 보면서 그대로 따라 하면 됩니다. 그러나 나이 든 사람, 또는 컴퓨터에 익숙하지 않은 사람이라면 유튜브 동영상으로 배운다는 게 쉬운 일이 아닙니다. 머리에 쥐가 납니다. 뭐가 뭔지 모릅니다.

유튜브 관련 책들이 대부분 이 기술적인 면에 많은 지면을 할애하여 설명하고 있지만 글로 배운다는 것은 동영상으로 배우는 것보다도 더 어렵습니다. 따라서 이 부분만큼은 스트레스 받지 말고 쉽게 해결하는 것이 좋습니다. 나의 스토리를 들려드립니다.

나는 이렇게 해결했다

★

앞에서, 후배 J교수가 나에게 동영상 편집 기술을 가르쳐줄 제자를 소개했다는 이야기를 했죠?

2019년 5월 26일 오후 1시쯤, J교수가 소개한 대학생이 우리 집으로 왔습니다. 총명해 보이고 잘생긴 청년이었습니다. "나는 아무것도 모르니 잘 가르쳐달라"며 머리를 조아렸습니다. 실력이 없으면 나이 따위야 별 볼 일 없는 것임을 절감했습니다. 나와 학생은 컴퓨터를 켜고 나란히 앉았습니다. 그리고 그의 지시와 코치에 따라 동영상 편집을 배웠습니다.

먼저 그의 지도하에 채널 이름을 정하고 채널을 등록했습니다. 이미 〈조관일TV〉로 하겠다고 작정했으니 그 과정은 순식간에 끝났습니다. 그 학생이 일사천리로 해줬으니까요.

그다음 편집 프로그램을 설치했습니다. 그 모든 과정이 생소한 첫 경험이었습니다. 편집 프로그램을 컴퓨터에 설치했으니 이제는 동영상 올리는 걸 공부할 차례입니다. 일단 내 휴대폰으로 간단한 동영상을 찍었습니다. "동영상 촬영!"이라고 소리치면 저절로 동영상 촬영이 시작되는 기능이 휴대폰에 있다는 걸 그때 처음 알았습니다. 내 수준이 어느 정도였는지 말해주는 일입니다.

휴대폰 거치대조차 준비하지 못하고 갑자기 만났기에, 학생이 내 휴대폰을 손에 들고 촬영을 하고 나는 앞에 서서 아무 말이나 지껄였습니다. 그렇게 30초 정도 시험용 동영상을 찍었습니다. 그러고는 그 동영상을 어떻게 편집 프로그램에 올리는지, 필요 없는 부분을 어떻게 잘라내고 이어 붙이는지, 배경음악은 어떻게 깔고, 자막은 어떻게 만들어 넣는지 등등을 배웠습니다. 그렇게 가까스로 아주 간단한 동영상을 만들어 유튜브에 업로드하는 것까지 전 과정을 배웠습니다.

배우면 금방 잊어버리는 나이인 데다가 생소한 일이어서 기술적인 과정을 노트에 상세히 기록해뒀습니다. 그렇게 학생과 약속한 4시간이 훌쩍 지나갔습니다. 다음 날 그 학생이 J교수에게 말했답니다. 연세에 비해 학습 능력이 매우 좋더라고요.

나는 학생이 돌아갈 때 이렇게 부탁했습니다.

"오늘 배우긴 했어도 뭐가 뭔지 모르겠어요. 나중에 내가 직접 동영상을 하나 만들어서 올려볼 테니 그때까지는 애프터서비스를 해줘야 합니다."

나의 편집 기술 배우기는 이렇게 시작되고 막을 내렸습니다.

19

동영상 편집 기술을 배울 때 주의할 것

동영상 편집을 배우는 과정에서 얻은 교훈이 있습니다. 처음 유튜브를 시작하려는 사람에게는 유용한 조언이 될 것입니다.

첫째, 전문가에게 제대로 배워야 합니다.

컴퓨터에 능숙하지 않은 사람이라면 유튜브를 시작할 때 너무 힘들게 하지 마시고 적절한 시점에 전문가로부터 지도받기를 권합니다. 그 방식이 좋습니다. 유튜브나 책으로 배울 수도 있지만 골치 아파서 포기할지 모릅니다. 엄청난 스트레스가 되거든요.

젊은 사람은 유튜브 동영상으로도 편집 기능을 배울 수 있다지만 나이 불문하고 동영상 편집에 능하지 않은 사람이라면 나처럼 직접 배우는 것이 여러모로 능률적입니다. 강조하지만 이왕이면 정식으로 배우는 것이 시행착오를 줄이고 노력과 비용의 낭비를 최소화합니다.

어떤 이는 주변의 친구 등 단지 유튜브를 먼저 하고 있는 경험자(비전문가)에게 배우려고 하는데 이 방법은 권하고 싶지 않습니다. 그런 사람은 대부분 편집 프로그램의 원리와 체계를 잘 알지 못하고 단순히 동영상을 편집하는 정도의 수준일 수 있기 때문입니다. 나 역시 이렇게 유튜브를 하고 있지만 편집 프로그램에 대해서는 아직도 걸음마 수준입니다.

지금도 좀 까다로운 편집은 할 줄 모릅니다. 내 채널에 맞는 동영상을 만들 수 있는 정도의 수준이라는 말입니다. 나 같은 비전문가에게 배우면 괜히 힘은 힘대로 들고, 돈은 돈대로 듭니다.

나는 구독자 10만 명을 돌파했으니 적절한 시점에 다시 한 번 제대로 배울 생각입니다. 그동안 동영상을 만들면서 여러 의문사항이 생겨났기 때문입니다. 또한 동영상 편집 기술의 업그레이드가 필요한 시점이라고 봅니다.

그런데도 자꾸 게으름을 피우게 되네요. 당장 급한 일이 아니라서 그렇습니다. 사람의 심리가 그렇습니다. 따라서 당신은 시작할 때 아예 전문가에게 제대로 배우기를 권합니다.

둘째, 전문가에게 배우기 전에 사전 준비가 필요합니다.

9장에서 동영상 편집 기술을 배우는 과정에 대해 이야기한 것 기억

나시죠? 나는 순서가 바뀌어 거꾸로 됐다고 했습니다. 어느 정도 사전 준비를 하고 전문가의 지도를 받는 게 시행착오를 줄인다고 했습니다.

아무것도 모르는 상태에서 전문가를 만나면 그가 가르쳐주는 대로 하게 됩니다. 그리고 나중에서야 이것저것 의문이 생기고 해결해야 할 돌발 상황이 발생합니다. 그때마다 그 전문가의 지도를 받을 수 있다면 다행이지만 그렇지 못하다면 난감해집니다. 때로는 추가 비용이 들 수도 있습니다.

그래서 유튜브 전문가를 만나기 전에 미리 동영상을 보고, 또 이런 저런 책을 읽으면서 사전 준비를 해야 한다고 강조한 것입니다. 동영상 편집은 물론이고 유튜브 운영 전반에 대한 궁금증과 해결해야 할 사항 등을 조목조목 메모한 다음에 전문가를 만나서 일거에 해결하는 것, 이것이 기술을 빨리 익히는 요령입니다.

셋째, 편집 프로그램의 종류를 미리 알아둡니다.

채널을 개설한다거나 동영상을 업로드하는 것 등은 그 방법이 단순하기에 별로 문제가 되지 않지만, 동영상 편집 프로그램을 어떤 것으로 할 것인가에 대하여는 심사숙고할 필요가 있습니다. 무엇보다도 편집 프로그램의 종류에 따라 전문가 선택이 달라질 수 있습니다. 만약에 당신이 A라는 편집 프로그램을 사용하고 싶은데 전문가가 그 프로그램에 숙달된 사람이 아니라면 낭패가 됩니다.

당신이 만난 전문가가 거의 모든 프로그램에 통달한 사람이라면 문제가 없지만, 한두 가지 프로그램만 아는 사람이라면 그가 선호하는 프로그램을 그대로 따라 하기 십상입니다.

나의 경우도 그렇습니다. 그 대학생이 '베가스' 프로그램을 사용하는 사람이기에 그것을 그대로 배웠습니다. 워낙 예비지식이 없었기에 편집 프로그램의 종류가 여러 가지라는 것조차 몰랐습니다. 그러니 당연히 동영상 편집은 그 프로그램으로 해야만 하는 줄 알았습니다. 내가 왜 미리 공부하고 전문가를 만나라고 강조하는지 이제 충분히 이해하시겠죠?

그럼 어떤 프로그램이 당신에게 적절한지, 어떤 프로그램으로 동영상 편집을 할 것인지에 대하여는 다음 장에서 설명하겠습니다.

하여튼 첫 단추를 잘 꿰어야 합니다. 그러지 않으면 이 단계부터 골치 아파 아예 유튜브를 포기할 수도 있습니다. 요즘은 유튜브가 대유행이라 지방자치단체 등에서 저렴한 학습비로 유튜브를 가르치는 곳도 많은데 그런 곳을 이용하는 방법도 있습니다.

그런 곳의 장점은 비슷한 고민과 문제점을 갖고 있는 사람들이 만나므로 여러 사람으로부터 정보를 얻을 수 있다는 점입니다. 같은 처지의 피교육자라도 꽤 수준 있는 사람도 있어서 큰 도움을 받을 수 있습니다.

또한 기초부터 차근차근 배울 수 있는 장점도 있지만, 그렇기 때문에 너무 긴 시간이 소요된다는 단점도 있습니다. 예컨대 집중적으로 하루 정도면 배울 수 있는 것을 걸음마부터 배우며 그 과정의 스케줄에 따르다 보니 몇 주 또는 몇 달에 걸쳐 배워야 하는 경우도 있기에 시간 낭비가 심할 수 있다는 말입니다.

20

편집 프로그램은
어떤 것으로 할까?

유튜브를 운영할 때 편집 프로그램을 무엇으로 할 것인지는 상당히 중요합니다. 조급한 마음에 가장 손쉽게 할 수 있다는 A프로그램으로 시작했으나, 시간이 흐르고 채널이 자리를 잡으면서 영상을 좀 더 고급화하려고 보니 막상 그 프로그램으로는 해결되지 않을 수 있습니다. 쉬운 만큼 기능이 단순하기 때문입니다.

그럴 경우 다른 프로그램으로 갈아타면 된다? 이게 말처럼 쉬운 게 아니거든요. 나도 지금 사용 중인 프로그램에 만족하지 못하고 다른 프로그램을 기웃거리고 있지만 아직도 엄두를 못 내고 있습니다. 그러니 아예 처음부터 당신에게 적합한 프로그램, 훗날에 후회하지 않을 프로그램으로 시작하기를 권합니다.

편집 프로그램을 선택하는 요령

★

편집 프로그램은 잘 알려진 '프리미어 프로'부터 '베가스 프로' '곰믹스 프로' '뱁믹스' 등 여러 가지가 있습니다. 또한 무료 편집 프로그램과 사용료를 지불하는 것, 완전히 매입하는 것 등 여러 조건이 있습니다. 이런 것도 미리 공부하고 심사숙고해서 선택해야 합니다.

무엇보다도 당신의 채널을 어떤 수준으로까지 운영할 것인지 그 계획을 참고해야 합니다. 지금은 당장 동영상을 빨리 올리고 싶은 생각에 가장 쉬운 것을 선택하지만, 시간이 지나면 자연스럽게 욕심이 생깁니다. 초보 시절인 지금의 상황으로 판단하지 마세요. 세월이 지나 동영상 제작에 익숙해지고 채널의 인기가 높아지면 자연스럽게 동영상을 고급화하려는 욕구가 발동합니다.

"나는 지금 이 정도 동영상이면 된다"고 큰소리치지 마세요. 인간의 욕심은 계속 진화합니다. 더 좋은 동영상을 올리고 싶은 것은 인지상정입니다. 그러니 지금 수준에서 판단하지 말고 어느 수준까지 목표로 삼을 것인지, 채널의 미래를 나름대로 그려보면서 프로그램을 선택해야 후회를 줄입니다.

가장 고급형 편집 프로그램이라면 '프리미어 프로'를 꼽습니다. 전문가들은 대개 이 프로그램을 선호하는 것으로 알려져 있습니다. 다만 사용법이 복잡하고 배우는 데도 시간이 더 걸린다는 점을 감안하고 선택하면 됩니다. '베가스'는 내가 사용하는 프로그램입니다. 이것을 선택한 이유는 앞에서 말한 대로 처음 배우기를 그것으로 배웠기 때문입니다.

나의 채널처럼 자기계발에 관한 정보를 강의하듯 방송하는 정도라면 이보다도 더 간단한 프로그램을 사용해도 됩니다. 실제로 지인들은 내게 '뱁믹스'나 '곰믹스'를 권하고 있습니다. 듣기로는(내가 사용해보지 않았기에) '곰믹스'가 쉽고 간단하다는데 전문가들이 사용하기에는 기능의 한계가 있다고 합니다.

그런데도 내가 간단한 프로그램보다 더 복잡한 프로그램으로 갈아타려고 하는 이유는 앞으로의 채널 운영에 대한 고려 때문입니다. 즉 지금과 같은 방송 형식을 떠나 다양한 동영상을 만들고 싶기 때문이죠. 이렇듯 진화는 '앞을' 향하지 '뒤를' 향하지 않는다는 점을 감안하시기 바랍니다. "나는 죽었다 깨도 간단한 동영상으로 끝까지 가겠다"면 신경 쓸 것 없이 '곰믹스' 정도로 하면 될 것입니다.

어쨌거나 편집 프로그램 선택은 매우 중요한 것이기에 자신의 능력, 콘텐츠의 수준, 운영 목표 및 화면 구성의 질에 따라 선택해야 하며, 그 전에 여러 책과 유튜브를 통해 마음을 굳히고 도전해야 합니다.

각각의 편집 프로그램이 어떻게 다른지, 장단점이 무엇인지 알려면 다음 채널의 동영상을 참고하시면 됩니다. 아주 상세하게 잘 설명되어 있습니다. 이를 통해 프로그램 전반에 대한 이해를 높인 후 자기가 운영할 프로그램을 선택하고, 프로그램의 사용법(예: '베가스 프로그램 배우기')을 유튜브에서 검색하여 배우는 방법도 있습니다.

◎ 채널 : 유튜브신쌤
◎ 제목 : 난이도별 PC용 영상편집 프로그램 9가지 소개(초보자를 위한 편집 프로그램 고르는 팁 공개!)

한 가지 참고할 것은, 컴퓨터로 편집하는 프로그램은 기본적으로 꼭 알아야 하지만, 그 밖에도 휴대폰에서 동영상을 편집하여 올리는 방법도 익혀두는 것이 좋습니다. 급할 때는 휴대폰으로 촬영한 영상을 직접 업로드해야 하는 경우도 생길 수 있으니까요. 어떤 이는 아예 휴대폰으로만 유튜브를 운영하는 사람도 있습니다.

휴대폰 영상 편집 프로그램에 대하여는 유튜브에 '휴대폰으로 편집하기' 또는 '모바일 영상 편집 프로그램' 등을 검색하면 여러 가지 동영상이 나옵니다. 이것 역시 〈유튜브신쌤〉 채널을 추천하니 활용해보시죠.

◎ 채널 : 유튜브신쌤
◎ 제목 : 모바일 영상편집 앱 TOP6 추천(기능, 난이도, 가격)

21

스튜디오와 장비는
어떻게 할까?

유튜브 방송을 하기로 결심했을 때 고려해야 할 것 중 하나가 스튜디오를 비롯한 시설과 장비입니다. 어디서, 어떤 분위기에서 방송을 해야할지, 장비는 어느 수준에서 어떤 것을 장만해야 할지 걱정이 따르게 마련이죠.

물론 어떤 수준의 방송을 할 것인지는 처음에 채널 운영 계획을 세울 때부터 고려해야 합니다. 그에 따라 스튜디오가 달라질 것이고, 시설과 장비 역시 달라집니다. 작은 방송국 수준으로 장만할 수도 있고, 1인 방송답게 조촐하게 할 수도 있습니다. 능력이 된다면 얼마든지 좋은 스튜디오를 만들고 고가의 장비를 갖출 수도 있습니다.

허세를 부리는 것이 아니라도 채널의 특성에 따라 정말로 많은 비용을 투자해야 하는 경우도 있습니다. 예컨대 요리 관련 방송을 하는

데 집에서 하는 게 아니라 조리 시설을 완벽하게 갖춘 별도의 스튜디오를 만들고, 사방팔방에 카메라를 설치하여 역동적이고 입체적으로 촬영하여 방송할 수도 있습니다. 그러려면 당연히 많은 투자가 이뤄져야 합니다.

그러나 초기에 큰 꿈을 갖고 야심차게 스튜디오를 꾸미고 고가의 장비를 구입했다가 얼마 가지 않아 문을 닫고 중고시장에 장비를 내놓는 사람이 적지 않다는 점을 참고할 필요가 있습니다. 공부 못하는 사람이 가방 탓을 하거나 화려한 가방을 들고 다닌다는 말도 있잖습니까.

또한 많은 돈을 들이면 그 비용을 회수하기 어려울 수도 있습니다. 유튜브는 생각처럼 쉽게 떼돈을 버는 것이 아닙니다. 우리가 책이나 신문, 방송 등을 통해 접하는 스타 유튜버는 수천, 수만 명 중에서 특출한 사람, 특수한 경우임을 잊어서는 안 됩니다.

1만 5,000원으로 시작한 방송

★

나는 유튜브를 최소한의 장비로 시작했습니다. 스튜디오는 내가 늘 사용하는 우리 집 서재이며, 그곳의 시설(?)은 원래 제자리에 있는 책상과 의자가 전부입니다. 처음 시작할 때 장비를 구입하느라 쓴 돈이 딱 1만 5,000원입니다.

먼저 동영상 촬영 카메라. 이는 내가 평소에 사용하는 휴대폰입니다. 다루기도 간편하고 알아서 자동으로 뽀샵 처리가 되기에 실제 얼굴보다 주름살이 훨씬 덜해 보입니다. 나를 아는 사람들이 동영상을 보고는 분장을 하고 방송하냐고 물을 정도입니다. 방송 초기에는 몇 번인가 크림을 살짝 발랐지만 그럴 필요가 없더군요(어떤 날은 세수도 하지 않고 방송합니다. 죄송;;).

다음은 카메라 거치대가 필요하겠죠. 서재의 책상 앞에서 의자에 앉아 방송을 하기에 높이가 낮은 거치대를 구입했습니다. 서울 강남역 지하상가에서 1만 5,000원에 샀습니다. 그게 전부입니다. 마이크는 어떻게 했냐고요? 처음에는 어떤 마이크가 좋은지 몰라서 옷깃에 집게로 꽂는 유선 마이크 대신 휴대폰을 구입할 때 딸려온 이어폰을 마이크로 대신했습니다. 그렇게 최소한의 장비로 동영상을 찍어 올렸습니다. 초기의 몇몇 동영상은 그렇게 찍은 것입니다.

게으른 탓에 한동안 이어폰을 마이크 대신으로 사용하다가, 가성비 좋은 마이크가 어떤 것인지 유튜브를 검색하여 정보를 모은 후 '쿠팡'에서 1만 8,000원짜리 핀 마이크를 구입했습니다.

조명 역시 처음에는 서재의 천장에 달린 LED 전등과 책상 위에 있는 스탠드를 사용했습니다. 그런데 동영상을 찍어보니 얼굴이 창백하고 평면적으로 나오거나 안경테의 그늘이 얼굴에 드리워졌습니다. 이건 아니다 싶어 유튜브에 '유튜브 촬영 조명장비'를 검색했더니 여러

가지가 소개됐는데 의외로 가격이 비쌌습니다.

그런데 누군가가 가구·주방용품 전문 매장인 '이케아'에서 조명등을 값싸게 구할 수 있다고 했습니다. 그길로 경기도 광명에 있는 이케아로 달려갔습니다. 학생들이 공부방에 사용하는 조명 기구를 판매하는 코너에서 마침 50% 세일 중인 키 높이의 조명등 2개를 1만 6,000원에 구입했습니다. 이렇게 장비를 구입하는 데 든 비용이 총 4만 9,000원입니다. 이것은 10만 구독자를 훌쩍 넘긴 지금도 변함없습니다.

10만 구독자를 돌파한 최근에 이르러 강남역 지하상가와 대형 마트에 우연히 들렀다가 눈에 띄는 키 높이의 카메라 거치대를 발견하고 2개를 5만 원에 구입했습니다. 앞으로 야외촬영이나 일어서서 방송할 경우에 필요할 것 같아 눈에 띄었을 때 장만한 거죠. 특히 야외촬영에 대비하여 무선 마이크를 2만 7,000원에 구입했는데 아직 사용하지는 못하고 있습니다.

이렇듯 장비는 너무 신경 쓸 필요 없다는 게 내 의견입니다. 처음에는 간단하고 소박한 시설과 장비로 시작하고, 여러 정보를 접하고 필요성을 깨달은 후 하나씩 보완하며 업그레이드하는 것이 좋다고 봅니다.

물론 '싼 게 비지떡' '이왕 장만할 바에는 좋은 것으로 해야지'라는 생각에 고가의 장비를 구입하고 번듯한 시설을 갖출 수도 있겠지만 각자 형편대로 하시면 됩니다. 성능이 거의 같은 장비라도 메이커에 따라 값이 천차만별입니다. 그러나 가성비 높은 게 좋은 것 아닌가요? 요즘은 워낙 유튜브가 대세라서 휴대폰 부속 장비를 파는 곳에 가면 얼마든지 쓸 만한 장비를 저렴하게 구할 수 있습니다.

그것도 보자마자 덜컥 사지 말고 어디에 무엇이 얼마짜리가 있는지 메모해두었다가 가성비 좋은 것을 구입하시면 됩니다. 내가 발견한 곳 중에서는 강남역 지하상가, 영등포 홈플러스, 대전역 지하상가에 쏠쏠한 것들이 여럿 있더군요(이 책이 나올 때쯤에도 그럴지는 장담 못 합니다). 또한 유튜브에 장비를 소개하는 동영상이 많으니 그런 것을 참고해도 좋을 것입니다.

자연스러운 게 좋은 것

★

소박한 장비로 작은 서재에서 시작한 것이 바로 〈조관일TV〉입니다. 카메라 앵글에 잡히는 의자 뒤편의 책장이 꽉 차서 천만다행입니다. 카메라의 앵글이 조금만 더 넓다면 책장을 벗어나 벽이 보일 것이기 때문입니다. 그러나 이거 아세요? 설령 그렇더라도 전혀 관계없다는 것을.

다른 사람의 유튜브를 잘 보세요. 나의 서재는 그래도 '양반'입니다. 더 좁은 방에서 벽에 딱 붙어 방송하는 사람도 있고, 자신의 침대에 걸터앉아 방송하는 사람도 있습니다. 좁은 방을 보여주기 싫어 가구를 싹 치우고 텅 빈 곳에서 방송하는 사람도 있고, 소파 또는 의자 하나만 달랑 놓고 거기 앉아 방송하는 사람도 있습니다. 그러고도 인기 유튜버로 구독자가 수십만 명이 넘습니다.

결론은 자기 형편대로 하라는 것입니다. 전혀 신경 쓰지 말고요. 이게 유튜브의 매력이거든요. 어떤 젊은 여성이 방송을 하는데 갑자기 어디선가 아기 우는 소리가 들렸습니다. 그러자 그녀가 "잠깐만요" 하고는 화면에서 사라졌다 다시 나타나서는 "아기가 칭얼거려서 달래주고 왔어요"라고 하는 겁니다.

얼핏 생각하면 '뭐 그런 식으로 성의 없게 방송하나?' '왜 그런 모습을 편집해서 잘라내지 않았느냐?'고 할지 모릅니다. 그러나 그 방송에 달린 댓글은 악플이 아니라 내용이 이랬습니다. "너무나 소박하고 현실감이 있어서 참 좋다" "아기 잘 키우세요, 응원합니다" 등등.

이것이 유튜브가 지상파나 종편 방송과 다른 점입니다. 사람들은 유튜버가 자신의 삶을 그대로 보여주는 것을 좋아합니다. 그것을 통해 유튜버가 자기와 같은 생활인이라는 사실에 위안을 받고 동류의식을 갖습니다. 그러니 스튜디오에 대하여는 걱정을 접는 게 좋습니다. 당신의 환경과 여건에 맞춰서 하면 됩니다. 문제는 스튜디오나 장비가 아니라 콘텐츠죠. 앞에서 이미 다뤘지만 콘텐츠에 대한 세부적인 내용은 뒤에서도 또 다루겠습니다.

4부

방송은 이렇게 한다

★

시청자의 관심을
사로잡는 법

이제 모든 준비는 끝났습니다. 좋은 동영상을 만들어 업로드하는 일만 남았습니다. 그러나 이것이야말로 유튜브의 핵심입니다. 대중은 매우 현명합니다. 그리고 냉정합니다. 몇 사람의 호응을 얻으려면 대충 해도 가능하지만 수천, 수만 명의 호응을 얻으려면 절대로 대충 해선 안 됩니다. 어떻게 인기 채널이 될 것인지 당신의 창의력을 최대한 동원해야 합니다.

22

방송을
시작하는 방식

방송을 위한 모든 준비가 끝났습니다. 채널 등록도 했고 동영상 만드는 법도 배웠습니다. 방송 장소도 결정했고 장비도 구입했습니다. 그 장비로 촬영을 해서 동영상을 편집하고 유튜브에 올리면 됩니다. 방송국 개국 첫 방송이 시작되는 거죠.

일을 시작하는 방식에는 크게 2가지가 있습니다. 하나는 완벽한 준비를 갖춘 뒤에 시작하는 방식이고, 다른 하나는 일단 시작하고 나서 문제를 해결하고 보완해나가는 방식입니다.

큰돈을 들여 사업을 벌인다면 당연히 전자의 방식을 따라야 합니다. 시장 분석도 하고, 투자 계획이나 사업의 타당성도 따져야 하며, 미래의 확장성과 지속 가능성도 계산해야 합니다. 삐끗하면 나락으로 떨어지고 자칫하면 패가망신할 수 있으니까요.

　그러나 유튜브는 그렇게 할 필요가 없습니다. 큰돈이 투자되는 것도 아니고 사업의 타당성을 따질 것도 없습니다. 대중의 심리란 참으로 묘해서 '이건 되겠다'고 생각한 콘텐츠가 전혀 뜨지 않을 수도 있고, '과연 이런 게 될까?' 싶은 동영상이 대박 나는 경우도 흔한 일입니다.

　유튜브의 매력은 어쩌면 그런 '예측불가성'에 있는지 모릅니다. 그래서 어떤 사람이 "이런 콘텐츠로 유튜브 방송을 하려는데 어떻게 생각하느냐?"라고 자문을 구해오면 난감해집니다. 속으로는 '된다' '안된다' 하는 느낌이 들지만 단정적으로 결론을 내릴 수 없는 특성이 있기 때문입니다. 그러기에 함부로 남의 방송을 평가할 수 없는 거죠.

　그렇다고 무작정 아무것이나 해보라는 이야기는 아닙니다. 방송을 시작하기 전에 최종적으로 다음 3가지 정도는 점검을 해볼 필요가 있습니다.

　첫째, 내가 할 수 있고, 내가 하기에 적절한 콘텐츠인가?
　둘째, 이 콘텐츠를 선호하는 계층이 분명히 존재하는가?
　셋째, 이 콘텐츠로 꾸준히 방송할 수 있을 만큼 소재를 확보할 수 있는가?

유튜브는 끊임없이 배우는 과정

★

위 3가지 물음에 확실하게 "예스"라고 답할 수 있다면 일단 시작해야 합니다. 시도해야 합니다. 물론 하다 보면 계획대로 딱딱 들어맞지는 않을 것입니다. 전혀 생각지도 못한 난관에 봉착할 수 있습니다. 의외로 시청자의 반응이 냉담한 것에 놀랄 수 있습니다. 인기 있을 콘텐츠라 생각했는데 관심을 끌지 못하는 상황에 직면할 수도 있습니다.

그런 상황에 그때그때 당황할 필요는 없습니다. 멀쩡한 직장을 때려치우고 유튜브에 뛰어든 것이 아닌 한 망해봤자 손해 볼 게 별로 없으니까요. 이 말은 언제든지 궤도 수정을 할 수 있다는 이야기입니다. 방송의 내용을 달리하면서 실험을 해볼 수 있습니다. 초기에 허덕거리는 것은 실험 과정과 같다고 보면 됩니다. 의도대로 되지 않아 속이 타면 당연히 살길을 찾게 됩니다.

몇 번 또는 수십 번 해보고 포기할 거라면 아예 시작하지 마세요. 계속 도전해야 합니다. 이런 영상도 올려보고 저렇게도 해봐야 합니다. 여러 인기 유튜버들이 공통적으로 말한 대로 1~2년 정도는 꾸준히 해보겠다는 마음으로 하기를 권합니다.

그 과정을 통해 성공하는 유튜버로서 내공을 쌓게 됩니다. 시행착오는 실패가 아닙니다. 학습 과정일 뿐입니다. 그런 시행착오를 겪으며 옳은 방향으로 진화하게 됩니다. 그러다가 어느 날 빵 터지는 날이

옵니다. 그러기에 처음의 지루함이나 계산 착오는 담담하게 받아들여야 합니다. 그럼으로써 또 한 수 배우게 됩니다.

따지고 보면 유튜브는 끊임없이 배우는 과정입니다. 이것만은 대박일 거라고 생각하며 올린 동영상이 고작 조회수 수백 회를 기록하는 일이 비일비재합니다. 업로드 횟수를 채우기 위해 조급하게 성의 없이 만든 동영상이 폭발적인 반응을 얻기도 합니다. 전자든 후자든 '왜 이렇지?'라는 의문을 갖게 될 것이고, 스스로 정답을 찾아가는 과정을 통해 유능한 유튜버로 성장하는 것입니다.

일단 시작하면 문제가 해결된다

★

"시도하라, 그러면 세상이 움직인다."

이것이 내가 가장 좋아하는 어록이요, 지론입니다. 그러니까 일단 시도하세요.

"모든 일은 일단 시작하는 것으로부터 실마리가 풀리기 시작한다"고 스티브 챈들러Steve Chandler는 그의 책《꿈을 이루게 해주는 특별한 거짓말》에서 말했습니다. 그러나 이건 '특별한 거짓말'이 아닙니다. 진실이요, 진리입니다. 무슨 일이든 일단 시작하는 것에서 실마리가 풀립니다.

이것은 단지 스티브 챈들러만의 조언이 아닙니다. 40여 년에 걸친 꾸준한 자기계발과 수십 권의 책을 쓰는 과정에서 얻은 나의 체험적 결론이기도 합니다.

일단 시작하세요. 시도하세요. 그러면 일을 진행하는 과정에서 진화가 일어납니다. 세상이 움직입니다. 그리하여 상상하며 생각만 하고 있을 때는 미처 알지 못했던 것을 알게 되고 새로운 길을 찾게 됩니다. 마치 작은 동산에 오르고 나면 그 뒤에 가려졌던 다른 길과 더 높은 산이 보이듯이 말입니다. 그러면서 드디어 좋은 채널로 시청자의 사랑을 받게 됩니다. 아무쪼록 '기도祈禱'만 하지 말고 '기도企圖'하세요. 그러면 세상이 당신을 위해 움직일 테니까요.

23

어떤 방식으로
방송을 할까?

방송은 어떤 식으로 하면 좋을까요? 이것은 채널의 특성에 따라 다를 수밖에 없습니다. 야외에서 하는 방송이라면 뉴스 리포터가 현장을 중계하는 식이 될 수 있으며, 요리나 놀이에 관한 것이라면 실제로 행위를 하면서 설명하는 식이 될 것입니다. 지식을 전달하는 유형이라면 나처럼 강의식이 될 수도 있고요.

　때로는 사람이 나오지 않고 아바타가 출연하여 말하는가 하면, 가면을 쓰고 방송하는 경우도 있습니다. 얼굴을 알리기 싫어서일 것입니다. 때로는 그런 모습조차 나오지 않고 목소리만 등장하는가 하면, 자막만 나오는 채널도 있습니다. 그것은 당신의 계획, 당신의 계산에 따라 달라집니다. 그러나 여기서는 일단 당신이 직접 출연하여 방송하는 보통의 상황을 전제로 설명하겠습니다.

당신의 계산에 따라 자연스럽게

★

가장 기본적인 것은 유튜버가 정면을 보고 말하는 것입니다. 정면을 보고 방송하는데도 여러 형태의 변형은 있습니다. 똑바로 정면만 응시하며 방송하는 사람도 있고, 노트북이나 메모장을 보면서 방송하는 유형도 있습니다. 또 대형 TV 화면이나 칠판을 준비하고 거기에 자료를 띄우거나 요점을 쓰면서 학원 강사가 설명하듯이 진행하는 유형도 있지요.

꼭 정면을 바라보며 방송하지 않아도 됩니다. 45도쯤 옆을 보고 할 수도 있고, 완전히 왼쪽이나 오른쪽을 보고 해도 무방합니다. 한마디로 엿장수 맘대로, 당신 맘대로 하세요. 당신은 1인 미디어의 CEO니까요.

유튜브에서 '제이플라'를 검색해보세요. 그러면 〈JFlaMusic〉이라는 채널이 뜹니다. 알파벳의 대문자와 소문자가 섞여 있죠? 마이크를 앞에 놓고 혼자서 노래를 부르는 음악 채널입니다. 이 원고를 쓰고 있는 오늘(2020년 1월 21일) 현재 구독자 1,440만 명에, 총 조회수 26억 뷰를 기록하고 있습니다. 엄청난 채널이지만 업로드된 동영상은 246개에 불과합니다.

세상에 이런 일이? 1,440명이 아니라 1,440만 명입니다. 연예 기획사 같은 단체에서 운영하는 유튜브가 아니라 개인 유튜브 채널로는 우리나라 최초로 구독자 1,000만 명을 달성한 채널입니다. "아니, 우리나라 국민이 5,000만 명인데 어떻게 그런 구독자수가 나오나?"고 따지지 마세요. 이쯤 되면 완전히 글로벌 채널입니다. 그녀의 동영상을 보면 영어와 한글 자막이 함께 나옵니다. 그래서 음악은 세계 공통의 언어라고 하는 것입니다.

작곡가 출신인 그녀(김정화)는 유명 유튜버이자 미국의 싱어송라이터인 크리스티나 그리미 Christina Grimmie를 보면서 영감을 얻어 유튜버가 됐다고 합니다. 예명이 '제이플라'인데 주로 팝 장르의 커버곡(다른 사람이 발표한 곡을 따라 부르거나 악기로 연주하는 것)을 부릅니다. 1주일에 한 번, 매주 금요일에 신규 커버 동영상을 게시합니다. 특이한 것은 거의 언제나 머리를 뒤로 묶은 포니테일 스타일에 헤드폰을 끼고 옆모습을 보여준다는 점입니다.

내가 강조하고자 하는 것은 바로 그것입니다. 앞모습이든 옆모습이든 관계없습니다. 이렇게 옆모습으로 방송하는 사람이 여럿 있습니다. 그러니까 각자 자기 스타일로 하면 된다는 결론입니다. 이것이 유튜브의 매력이기도 합니다. 꾸준히 당신의 스타일을 보여주면 시청자들은 '이 채널은 원래 이런 것'이라고 생각합니다.

'제이플라'도 처음부터 그런 스타일로 방송한 것은 아닙니다. 방송을 거듭할수록 진화한 거죠. 그러니까 당신도 그렇게 시도하면 됩니다. 처음부터 심사숙고하여 스타일을 정하고 그대로 계속하면 좋지만 중간에 바꾼다고 해서 누가 뭐랄 사람도 없습니다. 자신이 어떻게 발전하고 있는지 기록(동영상)이 남으니 오히려 흥미 있을 것입니다.

말하는 방식만은 꼭 바꿔야 한다

★

방송은 정면을 보든 옆을 보든 뒤를 보든 관계없습니다. 앉아서 해도 되고 서서 해도 되며, 누워서 해도 되고 거꾸로 매달려 해도 괜찮습니다. 정말로 거꾸로 매달려서 방송한다면 그것 때문에 시청자가 늘어날 수도 있습니다. 힘은 들겠지만 말입니다.

문제는 말하는 품새에 관한 것입니다. 어떤 형태든 말하는 것이 비호감이 되면 곤란합니다. 시청자들은 말의 속도와 말씨에 민감하게 반응합니다. 이것을 뭉뚱그려서 말투라고 해둡시다.

예컨대 말하는 속도가 느릿느릿하면 구독자를 늘리기 쉽지 않습니다. 당연히 시청시간도 짧을 것입니다. 멋도 모르고 채널을 클릭해서 들어왔는데 말을 끙끙거리며 느릿느릿하게 한다? 성질 급한 대한민국 사람임을 잊지 마세요. 금방 방송에서 이탈합니다.

이상하게도 상대와 대화를 하거나 TV 뉴스를 보는 5분은 후딱 지나가는데 유튜버가 일방적으로 방송하는 5분은 지켜보기가 상당히 지루합니다. 그런데 말투까지 버벅거리고 느릿느릿하다? 당연히 시청자는 기다려주지 않습니다.

나에게 "구독자가 늘지 않는다"고 하소연하는 사람들 대부분이 바로 여기에서 걸립니다. 말하는 품새에 문제가 있습니다. 말의 속도가 느리거나 힘이 없고 더듬거리는 등의 말투, 또는 부자연스럽고 어색한 말투라면 유튜브 방송용으로는 부적절하다고 생각합니다.

　매우 유명한 사람이 하는 유튜브라면 그의 말을 경청하기 위해 시청자가 참을지 모르지만, 그런 경우가 아니라면 제발이지 말하는 속도를 포함하여 말투를 다듬은 후에 방송하기를 권합니다. 말투를 다듬기 힘들다면 직접 출연하기보다는 차라리 모습을 보이지 않고 원고를 낭독하는 형태로 하는 것이 나을 수 있습니다. 읽는 것은 어느 정도 빠르게 할 수 있을 테니까요.

　말하는 품새는 점잖은 것보다 차라리 톡톡 튀는 편이 좋습니다. 목소리도 밑으로 까는 것보다는 한 톤 높이는 게 낫습니다. 너무 경망스럽게, 작위적으로 느껴지지 않도록 말입니다. 아나운서같이 너무 매끄러운 말투보다는 차라리 평상시 수다를 떠는 것 같은 말투가 낫다고 봅니다. 제스처도 최대한 활용하는 게 자연스러운 인상을 줍니다.

　여러 훌륭한 유튜버가 많습니다만, 말하는 품새에 관해서 가장 자연스럽게 방송하는 대표적인 채널로 나는 김소형 한의사가 운영하는 〈김소형 채널H〉를 꼽습니다. 그 채널의 동영상을 몇 편 골라서 보세요. 그러면 방송 장소에서부터 말하는 품새, 그 밖에 반려동물까지 등장하는 등 여러 면에서 어떻게 자연스럽게 방송할 것인지 벤치마킹이 됩니다. 물론 사람마다 취향이 다를 것이기는 하지만요.

얼굴이 알려지는 게 싫다면

⏸ ⏭ 🔊

유튜브를 하고 싶은데 얼굴이 드러나는 게 싫어서 못하겠다는 사람도 있습니다. 그 이유는 여러 가지겠죠. 누구나 얼굴이 알려지는 게 꼭 좋은 일은 아닙니다.

이런 재미있는 말이 있습니다. "우리는 남들이 알아보는 유명한 사람이 되고 싶어 하지만 성공한 다음에는 남들이 몰라보기를 바란다"고요. 실제로 얼굴이 알려지고 나면 좋은 점 못지않게 불편한 경우도 많습니다. 어쨌거나 얼굴을 내세우기 싫으면 방법은 간단합니다. 이미지 아바타를 내세우면 됩니다.

기술적인 방법은 유튜브에 '얼굴 알려지는 게 싫다면'을 검색하면 참고할 만한 동영상이 나옵니다. 여러 가지가 있는데 여기서는 2가지만 소개합니다.

> ◎ 채널 : 유튜브랩 Youtubelab
>
> ◎ 제목 : 얼굴 공개 안 하고 유튜브하는 방법 궁금하시죠? 아이
>   폰 미모지 동영상 촬영!

〈유튜브랩 Youtubelab〉 채널은 내가 어려움에 처했을 때마다 도움을 많이 받았습니다. 여러분도 잘 활용해보기를 권합니다. 이 지면을 빌려 고마움을 전합니다. 다른 채널도 하나 더 소개합니다.

◎ 채널 : 선가이드-유튜브 1인 창업

◎ 제목 : 유튜브 얼굴 공개가 싫다면? 이렇게 해봐요 I 유튜브 얼굴 바꾸기 어플 I 유튜브 얼굴 필터

목소리를 감추고 싶다면

목소리가 너무 나쁘거나 말을 버벅거려서 자신이 없다면, 그 밖에 어떤 이유로 자기 목소리를 숨기고 아예 성우가 대신 말해주기를 원한다면 음성변환 프로그램을 사용하면 됩니다. 이것을 TTS(Text to Speech, 음성합성시스템)라고도 하는데 컴퓨터 프로그램을 통해서 텍스트를 사람의 목소리로 구현해내는 것입니다. 유튜브에 '텍스트 음성변환'을 검색하면 동영상이 여러 개 나오는데 아래 채널을 참고하면 큰 도움이 될 것입니다.

◎ 채널 : 빈하늘의 별

◎ 제목 : 현존 최고의 텍스트 무료 음성변환 프로그램 타입캐스트 소개(ft. 성우 목소리, 아나운서 목소리, typecast)

24

시청자는
버릇 들이기 나름

스튜디오나 장비 또는 방송 스타일을 결정할 때 마음에 담아둘 것이 있습니다. 시청자는 버릇 들이기 나름이라는 것입니다. '버릇 들이기'라는 표현이 시청자들로서는 기분 나쁠지 모르나 결코 비하하려는 의도는 아닙니다. 쉽게 이해하고 기억할 수 있는 표현을 사용한 것뿐입니다.

시청자는 버릇 들이기 나름. 이게 무슨 말이냐면 유튜브 화면의 질이나 말하는 스타일, 채널의 특성 따위는 금방 시청자의 눈과 귀에 익숙해진다는 것입니다. 시청자가 당신의 방송을 A스타일로도 한 번 보고 동시에 B스타일로도 보면서 어떤 것이 좋은지 비교하면서 시청하는 게 아니니까요. 화면이 좋으면 좋은 대로, 좀 거칠면 거친 대로 시청자는 금세 익숙해집니다. '이 방송은 원래 그런 것'이라며 '그러려니'

넘어갑니다.

어떤 유튜버는 아예 처음부터 시선을 외면하고 옆을 바라보며 방송합니다. 또 어떤 이는 방송을 하는 도중에 물도 마시고 머리도 긁적이며 마치 앞에서 대화하듯 합니다. 물론 그런 방송들도 초기에는 "왜 옆을 보느냐? 정면을 보라"든가 "너무 산만하다"든가 따위의 불평불만이 있었을 것입니다. 그러나 그것이 당신이 계산한 방송 스타일이라면, 그리고 시청자의 불만이 결정타가 아니라면 불평불만에 일일이 대응하기보다 당신의 계획대로 꾸준히 해보시기 바랍니다. 그것이 당신 채널의 특성이 될 수 있으니까요.

말없이 시청자를 설득하기

★

나도 처음에는 많은 이들이 댓글로 또는 메일이나 전화로 조언을 해줬습니다. 배경으로 나오는 서재의 책이 너무 산만하니 잘 정돈하라든가, 방송을 할 때 빨리 결론부터 말하라든가, 서론이 너무 길다든가, 심지어 옷을 자주 바꿔 입는 게 어떻겠냐는 등등 말입니다. 그러나 많은 부분에서 그것을 수용하지 못했습니다.

나는 평소에 책상이나 서재를 산만하게 해놓고 일합니다. 잘 정돈하는 스타일이 아닙니다. 그럼에도 그런 환경에서 많은 책을 썼습니다. 책을 쓰려면 이 책 저 책 참고하게 되고, 그때마다 일일이 제자리에 꽂을 수가 없습니다. 금세 또 펼쳐볼 일이 생기니까요.

그러니 의자 뒤의 책장에 책을 쌓아놓을 수밖에 없습니다. 그 현장을 있는 그대로 생생하게 보여준다는 게 나의 방침입니다. 눈썰미 있는 시청자라면 '저런 환경에서 책을 그토록 많이 썼구나'라며 남의 서재를 훔쳐보는 재미를 느낄 수도 있습니다. 또는 '이 사람도 우리와 다를 바 없구나'라는 동류의식을 갖게 될 수도 있고요. 어떤 사람은 방송에만 집중한 나머지 배경이 어떤지 전혀 관심이 없을 수도 있습니다.

방송에서 "빨리 결론부터 말하고 서론을 줄이라"는 조언에 대해서도 해명할 것이 있습니다. 나 역시 웬만하면 그렇게 하고 싶습니다. 나름대로 노력합니다. 그러나 5분 내외, 길어야 10분 정도에 하나의 주제를 설명하려면 결론만 말해서는 의외의 반론에 직면하게 됩니다. 자기계발에 관한 채널이기에 논리가 필요하고, 그러려면 '기승전결'이 있어야 된다고 믿기에 내 스타일 그대로 방송을 합니다.

옷에 관해서도 마찬가지입니다. 사람들이 묻습니다. 방송할 때 옷을 어떻게 준비하느냐고요. 여성들 중에는 방송 때마다 다른 옷을 입고 나오는 이도 있는데, 경제적으로 풍족하거나 특별히 협찬하는 곳이 없는 한 수많은 방송에 옷을 맞출 수는 없습니다.

'어떤 옷을 입고 방송할까?' 생각하며 지금은 입지 않는 옷까지 모두 꺼내놓으니 셔츠가 20여 벌 나왔습니다. 나는 그 셔츠를 입고 방송합니다. 그런데 어떤 옷은 화면발이 잘 받아 수시로 입고, 어떤 것은 아직 한 번도 입지 않았습니다. 그렇게 2년 가까이 방송을 했는데 앞으로도 별다른 변화는 없을 것 같습니다.

이렇듯 각자의 형편과 방침에 따라 방송하면 됩니다. 시청자는 알게 모르게 당신의 스타일에 동화됩니다. 그렇다고 당신의 계획과 방침을 알릴 필요는 없습니다. 그러면 괜한 논쟁이 됩니다. 세상에는 별별 사람이 다 있다는 것을 유튜브를 통해 확인합니다. 별것 아닌 것으로 시비를 거는 사람도 있거든요.

그런 사람은 당신의 해명을 시청자에 대한 반발로 보거나 고집불통으로 여겨 또 다른 시비를 걸 수 있습니다. 시청자와 소통하며 그들의 의견이나 심리가 어떤지 잘 파악하고, 수용할 것은 수용하되 당신나름의 정체성을 지키는 것도 필요합니다.

흥미로운 사실은 방송 후 3~4개월 지나면서부터 나에게 '이렇게 하라, 저렇게 하라' 조언하는 댓글이 거의 자취를 감췄다는 사실입니다. 시청자가 지쳤거나, 등을 돌렸거나, 아니면 나를 이해하고 나에게 적응한 것입니다.

이솝 우화 중 '아버지와 아들과 당나귀' 이야기 잘 아시죠? 당나귀를 타고 갈 것인지, 끌고 갈 것인지, 아니면 어깨에 메고 갈 것인지 주변 사람들의 이야기에 신경 쓰다가 결국 개울에 빠지는 이야기 말입니다.

시청자의 조언에 귀 기울이는 것은 중요합니다. 조언과 비판에 겸

허해야 합니다. 때로는 댓글에서 매우 중요한 정보를 얻을 수 있고, 때로는 크게 발전할 수 있는 아이디어를 얻습니다. 그러기에 잘 받아들여야 합니다. 시청자를 버릇 들이라고 해서 고집을 부리며 멋대로 하라는 것은 아닙니다. 고칠 것은 당연히 고쳐야 합니다. 고집을 부리면 시청자로부터 고립될 수 있습니다.

　그러나 한편으로는 당신의 확신에 따라 당신의 방침을 고수하는 신념도 필요합니다. 확고한 방침이 있어야 합니다. 당신 스타일의 방송을 만들어야 합니다. 시청자를 버릇 들인다는 것은 한편으로는 말없이 상대를 설득하는 과정이기도 합니다.

25

유튜브 방송이
성공하려면

유튜브는 참 묘해서 처음에는 마음을 비우고 즐기면서 하겠다고 결심했더라도 시간이 지날수록 욕심이 생깁니다. 조회수, 좋아요, 구독자수, 그리고 댓글 등이 상호작용하면서 당신을 자연스럽게 유튜브의 세계로 빠져들게 합니다. 그리고 빠지면 빠질수록 빨리, 크게 성장하고 싶은 욕망을 자극합니다. 대박이 났으면 하는 소망을 갖게 됩니다. 마음 한편에서는 '소박하게 즐기자'고 다짐하면서도 말입니다. 그것이 인지상정입니다.

대박을 소망하는 건 욕심이 과한 게 아니라 당연한 겁니다. 꿈이 있는 거죠. 그런 소망과 꿈이 있어야 방송에 최선을 다하게 됩니다. 그냥 즐기면서 기록이나 남기겠다고 한다면 방송의 수준과 영상의 질이 좋아지기 힘듭니다. 대충 하기 쉽습니다. 그러면 시청자는 기가 막히게 그것을 알아차립니다. 당연히 시청자가 모이지 않고 언젠가 흐지부지 사라질 게 뻔합니다.

성공하려면 2가지 요소가 필요합니다. 불안함과 욕심입니다. 이것이 동기부여의 2대 조건입니다. '이게 잘 안되면 어떻게 하지?' '사람들이 내 채널을 보고 비웃으면 창피한데' 이런 불안함이 당신을 앞으로 나아가게 합니다. 또한 '어떻게든 멋진 걸 만들어 사람들을 감탄시켜야지' '1년 이내에 구독자 10만 명을 확보해서 수익을 많이 내야지' 이런 욕심이 난관을 극복하게 하고 성공으로 이끕니다. 그러니 대박을 소망하는 자기를 욕심쟁이로 비하하거나 그 소망을 억누르지 마세요. 당연히 크게 성공하기를 바라며 동영상을 만들어야 합니다.

나라면 그 채널을 볼까?

★

성공을 기대하는 소망, 대박을 원하는 마음을 담아내려면 매회 최선을 다해 동영상을 만들어야 하는데 중요한 것은 영상의 화질이 아닙니다. 그 안에 담긴 주제와 내용 그리고 전달 방법입니다.

이것이 유튜브 방송의 핵심이며 성공의 관건입니다. 아무리 편집 기술이 뛰어나고 영상의 수준과 화질이 뛰어나더라도 콘텐츠가 빈약하여 고객들을 만족시키지 못하면 그들의 호응을 얻을 수 없습니다.

유튜브를 클릭하는 사람은 동영상의 화려함이나 편집 기술을 보려는 게 아닙니다. 내용을 보려는 거죠. 이 단순한 원리를 안다면 어떻게 동영상을 만들 것인지 결론이 나옵니다.

유튜브를 하면서 절실히 깨달은 것은 대중의 현명함입니다. 몇 사람의 호응을 얻으려면 대충 해도 가능하지만 수천, 수만 명의 호응을 얻으려면 절대로 대충 해선 안 됩니다. 시청자들은 자신이 직접 콘텐츠나 동영상을 만들지는 못해도 감별해내는 데는 기막힌 능력을 갖고 있습니다. 그것이 한두 사람이 아니라 많은 사람, 대중일 때는 대충 넘어가는 것이 없습니다. 그렇게 시청자의 위대함(?)을 알아야 좀 더 고민하고 노력해서 콘텐츠를 구성하게 될 것입니다.

그럼 어떤 주제와 소재, 즉 어떤 콘텐츠로 시청자의 호응을 얻을 수 있을까요? 스스로 이런 질문을 던져서 그 해답을 찾으면 됩니다.

"사람들이 이 동영상을 꼭 봐야 할 필요성이 있을까?"
"나라면 이런 채널을 계속 시청할까?"

그렇습니다. 역지사지해서 당신이 시청자의 입장이라면 당신의 동영상을 어떻게 생각하고 어떻게 받아들일지 냉정하게 판단해봐야 합니다. 당신이 좋다고 믿는 것을 동영상에 담을 것이 아니라 시청자에게 꼭 필요한 것인지 여부를 자문해봐야 합니다.

유튜브를 하고는 있는데 시청자의 호응이 적어서 고민하는 유튜버를 종종 만납니다. 그들에게 조언하기 전에 내가 묻는 질문은 언제나 같습니다.

"당신이라면 과연 이 채널을 즐겨 보겠습니까?"

그러면 반응이 대개 어떤 줄 아세요? "괜찮은 내용인데 사람들이 몰라준다"고 대답합니다. 이것이야말로 중대한 착각입니다. 이는 마치 국밥집 주인이 "국밥이 참 맛있는데 손님들의 입맛이 문제"라고 하는 것과 같습니다. 국밥집 장사가 잘 안되면 국밥에 문제가 있습니까, 손님에게 문제가 있습니까?

마찬가지입니다. 당신의 채널에 무슨 문제가 있는지 정확한 실상을 알려면 왜 시청자의 반응이 냉랭한지를 거꾸로 생각해보면 됩니다. 즉, 아무리 노력해도 시청자가 늘지 않는다면 당신은 지금 중대한 착각을 하고 있다는 것을 인정해야 합니다.

나의 경우도 마찬가지였습니다. 방송 초기에 내 딴에는 좋은 콘텐츠로 동영상을 올린다고 생각했는데 시청자의 반응은 냉담했습니다. 그러나 나는 "사람들이 뭘 모르는구면"이라며 언젠가는 알아주겠거니 하면서 '내 방식'으로 주제를 선정하여 계속 올렸습니다. 즉, 내가 시청자에게 먹여주고 싶은 음식(콘텐츠)을 계속 제공한 셈이죠. 대중이 좋아할 음식을 만들어 제공할 생각을 하지 않고 대중의 입맛을 탓한 것입니다.

나의 방식이 잘못됐다는 것을 깨닫기까지 5개월의 시간이 걸렸습니다. 5개월 동안에 늘어난 구독자수가 고작 300명 정도였으니 얼마나 답답했겠습니까? 시청자나 상황이 답답한 게 아니라 사실은 내가 답답한 사람이었던 것입니다.

26

주제 빈곤을
극복하는 법

시청자의 반응을 이끌어내려면 무엇보다도 주제 선정을 잘해야 합니다. 대중이 좋아할 주제를 찾아야 합니다. 그래서 방송을 할 때마다 가장 머리를 쓰는 것이 '오늘은 어떤 주제로 방송할 것인가?'입니다. 주제가 결정되면 그날 방송의 반은 끝난 것이나 다름없습니다. 주제를 채울 소재를 발굴하는 건 상대적으로 쉬운 일입니다.

주제가 결정되면 여기저기서 소재를 찾아야 합니다. 또는 상상력을 최대한 동원하여 동영상 제작의 소재를 만들어내야 합니다. 그러고는 '콘티', 즉 방송의 얼개를 작성합니다. 그 콘티에 따라 주제에 맞는 동영상을 촬영하는 거죠.

처음 채널을 열 때는 적어도 20~30개의 주제를 선정해놓고 시작합니다. 주제를 딱 1~2개만 갖고 방송을 시작하는 사람은 없습니다. 1주일에 동영상을 2개씩 올린다고 계획하고 30개의 주제를 마련했다면 15주, 그러니까 3개월 정도 방송할 '꺼리'를 비축한 셈이 됩니다. 이 정도는 돼야 합니다.

실제로 방송에 들어가면 미리 준비한 순서대로 진행되지 않습니다. 중간에 더 좋은 아이디어가 나오거나 시청자의 반응에 따라 계획을 수정하는 경우도 많습니다. 그럼에도 일단 30회 정도 준비하지 않으면 불안하고 은근히 스트레스가 됩니다.

이렇게 처음에는 여유를 갖고 출발하지만 방송이 계속될수록 슬슬 주제의 빈곤을 느끼게 됩니다. 계속해서 방송거리를 만들어가지만 하나씩 써먹으면 그만큼 주제가 없어지는 거니까요. 그래서 유튜브를 하게 되면 앉으나 서나 무엇을 방송할 것인지 늘 주제 찾기에 골몰합니다.

유튜버의 생활은 주제, 즉 '꺼리'를 찾아 헤매는 과정의 연속이라 해도 과언이 아닙니다. 유튜브는 주제와의 싸움이라 할 수도 있습니다. 그럼 어떻게 주제를 찾아낼까요? 주제 빈곤을 어떻게 극복할까요? 채널의 성격에 따라 주제를 발굴하는 방법은 차이가 납니다. 여기서는 내 채널을 중심으로 설명하겠습니다. 이 요령을 당신의 채널과 비교하면서 주제를 발굴하는 데 응용하시기 바랍니다.

주제를 만들어내는 요령

★

첫째, 항상 주변 상황을 예의 주시해야 합니다.

당신의 채널이 A에 관한 것이라면 그와 관련된 것을 예리하게 관찰해야 합니다. 길거리를 걷거나 지하철 안에서, 친구들과 음식을 먹거나 잡담을 할 때, 심지어 여행을 떠나서도 쉴 새 없이 안테나를 높이 세우고 매의 눈으로 세상을 봐야 합니다.

나의 방송 콘텐츠는 자기계발에 관한 것이니까, 그 안에는 화술도 있고 인간관계도 있고 여러 분야가 있습니다. 따라서 친구들과 만나 이야기를 나누는 순간에도 그들이 무엇 때문에 웃고, 무엇 때문에 친구관계가 틀어졌는지 예민하게 관찰합니다. 어떤 모임에서 친구들이 박장대소한다면 거기서 유머 코드 하나를 끄집어냅니다. 친구관계가 틀어졌다면 나름대로 그 이유를 찾아내 논리를 만들고, 화술이나 인간관계의 법칙을 만듭니다. 이렇듯 주변 상황이 주제의 바탕이 됩니다.

둘째, 시청자의 반응이나 다른 자료에서 발굴합니다.

시청자의 반응이 나타나는 것이 댓글입니다. 나는 이 댓글에서 종종 좋은 주제를 발견합니다. 시청자들은 동영상에 대하여 나름의 의견을 댓글로 달아줍니다. 때로는 비판을, 때로는 격려를, 그리고 때로는 의견(아이디어)을 답니다. 그 댓글에서 주제에 대한 영감과 아이디어를 얻는 경우가 많습니다. 그것들을 잘 비비고 섞어 당신만의 메뉴로 재탄생시키면 됩니다.

'다른 자료'에서 주제를 발굴한다는 것은 2가지로 압축할 수 있습니다. 하나는 다른 사람의 동영상이고, 다른 하나는 인터넷이나 책 같은 자료창고입니다. 다른 사람의 동영상을 수시로 보면 기발한 내용이 많음을 알게 됩니다. 세상에는 참으로 대단한 사람이 많다는 것을 배웁니다. 누구나 자기만의 콘텐츠를 갖고 있음을 실감합니다.

그런 것을 보노라면 내가 잡아야 할 주제가 보입니다. 덧붙여 수시로 인터넷을 검색하고 관련된 책을 많이 봐야 합니다. 당연히 그 안에 당신이 캐치해야 할 주제의 아이디어가 있습니다.

셋째, 주제를 결정할 때 범위를 좁혀야 합니다.

유튜브를 하고 2~3년쯤 지나면 당신이 생각할 수 있는 주제는 거의 다 써먹은 것 같아 슬슬 걱정이 될 것입니다. 위기감도 느낍니다. 여행 관련 채널처럼 주제가 무궁무진한 것도 있지만 계속하다 보면 비슷한 주제를 조금씩 내용을 바꿔가며 방송하는 경우도 적지 않습니다. 그렇기 때문에 애초부터 주제를 넓게 잡지 말고 좁게 잡아 방송하는 것이 하나의 팁입니다.

예를 들어 '친절'을 방송의 주제로 잡았다고 칩시다. 이때 친절에 관한 주제를 넓게 잡아서 친절의 여러 요소인 인사나 말투 같은 것을 한꺼번에 다루는 것은 주제 관리 측면에서 바람직하지 않습니다. 그러니까 이번 방송에서는 친절의 범위를 좁혀서 인사법 하나만 다루고, 그

다음에는 말투를 다루는 식으로 주제를 좁게 잡는 게 좋습니다.

여기서도 범위를 더 좁힐 수 있습니다. 인사법 중에서도 오늘은 배꼽인사에 대해서만 다루고, 다음번에는 여성과 남성의 인사법 차이 등등, 이런 식으로 주제를 잘게, 세밀하게 범위를 좁혀서 다루라는 말입니다. 넓고 얇게 하지 말고 좁고 깊게 하는 것이 요령입니다.

창의와 끈질김으로 해결할 것

★

주제 선정 능력은 채널이 시청자의 호응을 얻느냐 아니냐와 더불어 장기적으로 지속될 수 있는지 여부를 결정짓는 조건입니다. 그러기에 창의력을 집중적으로 발휘하여 '좋은 주제를 지속적으로' 만들어 낼 수 있어야 합니다. 여기서 유튜버의 능력이 판가름 납니다. 그런 면에서 방송 주제가 끝없이 생산될 수 있는 콘텐츠로 채널을 운영하는 건 복 받은 것입니다.

나의 경우, 자기계발과 관련하여 그동안 집필한 책이 50여 권이니까 1권의 내용으로 20회 정도만 방송해도 10년은 너끈히 방송할 수 있다고 앞에서 '자랑'한 바 있습니다. 그렇게 판단하고 방송을 시작했습니다. 그러나 착각이었습니다. 유튜브의 속성을 모르고 속단한 것입니다. 막상 방송을 해보니까 책 1권에서 5개의 주제를 선정하기도 매우 어렵다는 것을 알았습니다.

여러 출판사에서 가끔 이런저런 책을 보내줍니다. 기회가 있으면 방송에 활용하라는 거죠. 아마도 그들 중에는 "책을 보냈는데 왜 한 번도 방송에서 다루지 않느냐?"고 섭섭해하는 곳도 있을 것입니다. 그런데 그거 아세요? 아무리 뒤져봐도 단 1건의 주제도 건지지 못하는 책이 무수히 많다는 것을. 설마 그럴 리가? 이건 유튜브를 하는 경험자만이 아는 고충입니다.

그렇다고 뜬금없이 나의 콘텐츠와 관련 없는 책 선전을 할 수는 없지 않습니까? 앞뒤 재지 않고 막무가내로 책을 소개하는 식의 방송을 할 수도 있겠지만, 채널의 성격에 맞지 않거나 시청자가 선호할 주제가 아니면 방송에서 다룰 수가 없습니다.

이렇듯 방송 주제를 잡는 것은 방송이 계속될수록 힘들어집니다. 그러므로 당신의 창의력과 끈질긴 노력이 이어져야 합니다. 적잖은 유튜브 채널이 중간에 문을 닫는 이유 중 하나가 바로 이것입니다. 결론은 '주제'입니다.

다르게, 또 다르게

유튜브를 하려는 사람들이 나에게 자문을 구하는 경우가 종종 있습니다. 인생 2막을 시작한 퇴직자는 물론이고, 젊은이부터 중년의 주부에 이르기까지 다양합니다. 그런데 이런 요구를 하는 사람이 있습니다.

"조 박사님이 이미 다룬 주제를 제가 다뤄도 괜찮습니까?"

당연히 괜찮습니다. 제목도 똑같고 내용도 똑같다면 그건 문제가 있습니다. 아니, 제목은 같을 수 있습니다. 원래 책을 출간할 때도 보통의 일반적인 제목은 저작권에 위배되지 않습니다(물론 다른 이가 만든 특수한 용어가 들어간 제목을 그대로 사용하거나 의도적이고 빈도가 높다면 문제가 될 수 있습니다).

유튜브도 마찬가지입니다. 제목 등의 주제가 같은 것은 많습니다. 그러나 내용 면에서 당신 나름으로 새롭게 해석하고 다르게 방송하면 됩니다. 방송을 하는 사람이 다르기 때문에 별로 신경 쓰지 않아도 자연히 다른 방송이 됩니다.

나의 경우도 그렇습니다. 자기계발에 관한 채널은 많습니다. 직장인의 자기계발이라는 것이 따지고 보면 세부 영역이 뻔합니다. 직장생활에서 지켜야 할 것, 간부의 리더십, 인간관계, 일하는 방식, 화법, 강의 기술, 스피치, 문서 작성, 매너, 창의력, 발상의 전환, 퇴직 전략, 노후의 문제 등등입니다.

이렇게 뻔한 주제이지만 방송하는 사람이 다르기에 방송의 내용 또한 다릅니다. 큰 범주에서는 의견이 같더라도 디테일에 이르러서는 당연히 다릅니다. 특히 사람마다 다른 것 중에 가장 대표적인 것이 바로 '경험'입니다. 그 사람이 경험했던 것과 당신의 경험, 에피소드가 똑같을 수는 없습니다. 여기에 바로 당신의 방송이 비집고 들어갈 틈새가 있습니다.

유튜브 방송의 주제를 잡고 내용을 구상할 때마다 항상 떠올리는 '어록'이 있습니다. 스티브 잡스Steve Jobs의 "Think different"입니다. 다르게 또 다르게, 끊임없이 그것을 생각하며 방송에 임하시기 바랍니다.

27

시청자의 호기심을
자극하는 법

아무리 방송의 주제가 좋더라도 동영상을 올리고 나면 가장 먼저 다가오는 과제가 '시청자들이 얼마나 관심을 갖고 호응해줄까?'입니다. 유튜버의 머릿속을 늘 채우고 있는 관심사는 주제 발굴과 시청자의 관심, 이 2가지입니다. 특히 후자는 동영상을 만드는 것보다 훨씬 현실적인 문제가 됩니다. 유튜브는 결과로 말하는 거니까요.

예컨대, 무성의하게 대충 찍어서 올린 동영상인데 웬일인지 시청자의 반응이 폭발적이라면 이거야말로 대박입니다. 반대로 온갖 정성을 들이고 비용까지 투자해서 잘 찍은 동영상이 시청자로부터 냉담한 반응을 얻는다면 이건 쪽박인 거죠.

물론 대중의 눈과 판단은 매우 예리하고 현명해서 대박이 난 동영상은 대충 만들었더라도 어딘가 사람들의 관심을 끄는 요소가 분명히 있습니다. 반대로 쪽박이 난 동영상은 관심을 끌지 못하는 요소가 있는 것이고요. 아이러니하게도 양쪽의 어느 경우든 유튜버가 시청자의 심리나 관심사를 헛짚었다는 말이 됩니다.

10만 구독자를 돌파하기까지 나 역시 그런 '착오'를 많이 일으켰습니다. 아니 지금도 진행 중이요, 앞으로도 그런 일이 자주 일어날 것입니다. 그러기에 매번 동영상을 올릴 때마다 시청자와 코드를 맞추기 위해 끊임없이 머리를 굴립니다. 다만 그동안의 경험으로 봤을 때 시청자의 관심을 끌고 호응을 얻는 몇 가지 포인트는 분명히 있습니다.

동영상의 제목을 잘 만드는 요령

★

첫째는 동영상의 제목입니다. 일단 사람들이 제목에 호기심을 갖고 클릭해야 방송을 보든지 말든지 하겠지요?

동영상의 제목이 중요한 것은 책을 베스트셀러로 만드는 과정과 비슷합니다. 아니 똑같습니다. 책이 베스트셀러가 되느냐 아니냐를 결정짓는 것도 바로 제목입니다. 물론 대작이나 문제작이 독자의 관심을 끌고 스테디셀러로 자리 잡지만, 가벼운 책 중에 베스트셀러에 오른 것을 보면 예외 없이 제목이 '섹시'합니다. 여러분도 제목에 이끌려 책을 사는 경우가 많지 않습니까.

내가 쓴 많은 책 중에서 가장 많이 팔린 책이 가장 내용이 좋은 것은 아닙니다. 심혈을 기울여서 썼지만 독자의 관심을 끌지 못하고 출간된 지 한 달도 안 돼 시장에서 사라진 책이 있는가 하면, 별로 기대하지 않았던 책이 초베스트셀러로 등극(?)한 일도 있습니다. "왜 이렇죠?"라고 출판사에 물어보면 이런 대답이 돌아옵니다.

"일단 제목이 참 좋잖아요."

동영상의 제목도 그렇듯 시청자의 관심을 끌게 잘 지어야 합니다. 유튜브를 보면, 시청자의 관심을 끌기 위해 검색 순위에 잘 걸리는 키워드를 적절히 조합하고, 구글의 알고리즘이 어떻고 등등 요령을 다룬 동영상도 많습니다. 그러나 초보 유튜버가 구글의 알고리즘까지 신경쓸 필요는 없습니다. 일단 당신이 할 수 있는 일은 시청자가 딱 봤을 때 클릭하고 싶은 좋은 제목을 짓는 것입니다.

내 채널에 동영상을 꾸준히 올리던 어느 날, 갑자기 조회수가 폭발했습니다. 동영상을 올린 지 2시간 만에 조회수 5,000여 회를 기록했습니다. 깜짝 놀랐습니다. 파죽지세였습니다. 순식간에 50만 뷰를 넘어서고, 이제는 열기가 식겠거니 했는데 웬걸요, 100만을 넘고 200만을 넘어서고야 서서히 숨을 고르더군요. 이 동영상은 현재 280만 뷰를 기록하고 있습니다. 이건 아마도 수년 내에 다시 경험하기 힘든 일이라 생각합니다.

당연히 왜 그런지 나름대로 원인을 분석해봤습니다. 구글의 알고리즘에 팍 꽂혔는지, 또는 유명 크리에이터나 포털에서 내 동영상을 추천해줬는지는 모르겠습니다. 단지 내가 분석한 이유 중 하나는 제목이 사람들의 관심을 끌기에 좋았다는 것입니다.

그 제목은 "노후의 부부관계 어떻게 할까?"입니다. 그리고 부제로 "3겨"라는 말을 붙였고, 괄호 안에 "남자들만 보세요"라고 넣었습니다. 괄호는 마치 은밀히 속삭이는 듯한 느낌을 줍니다.

어떻습니까? 클릭하고 싶은 생각이 나지 않습니까? 적지 않은 사람들이 '노후의 부부관계'를 섹스와 연결하여 생각한 듯합니다. 나는 인간관계를 생각하면서 제목을 잡았는데 많은 시청자가 '19금'이라도 나오는 줄 착각한 것 같습니다. 더구나 남자들만 보라니까 남성은 물론이고 여성까지 호기심을 끌기에 충분합니다.

이 제목을 정할 때 시청자가 그렇게 생각할 줄은 몰랐습니다. 전혀 상상하지 못했습니다. 시청자들이 이 제목을 보고 섹스를 생각했는지 어떻게 알았냐고요? 댓글 중에 "당신이나 실컷 해라" "이 나이에 무슨 섹스냐?"라고 나무라는 식의 글이 있는 것이 힌트입니다. 그분들은 동영상을 보지도 않고 섹스와 관련된 내용일 거라고 넘겨짚은 거죠. 놀라운 상상력입니다.

다른 채널에서 영감을 얻을 것

★

그럼 어떻게 하면 시청자의 관심을 끄는 좋은 제목을 만들 수 있을까요? 이거야말로 '운칠기삼' 같습니다. 우리가 어떻게 시청자의 심리를 정확히 읽을 수 있겠습니까? 운이 70%는 차지한다고 봅니다. 그럼에도 기술적인 면 30%에 최선을 다할 필요가 있습니다. 그것을 위해 당신에게 알려줄 팁이 하나 있습니다.

예를 들어, 방송할 주제를 대략 마음에 뒀다면 그와 같은 종류의 콘텐츠를 담은 다른 채널의 동영상을 검색해보는 것입니다. 때로는 '네이버'나 '다음' 등의 포털도 살필 필요가 있습니다. 그러면 당신이 올리려고 하는 것과 같은 종류의 동영상이나 자료가 여러 개 나타날 것입니다.

그중에서 조회수가 많이 나온 것들을 잘 살펴보세요. 제목을 어떻게 잡았는지, 어떤 키워드가 섹시한지 등등의 요소를 당신의 제목과 비교해봅니다. 그러면 제목을 어떻게 만들어야 할지 감각이 살아납니다. 다른 채널의 동영상 제목을 그대로 따라 하라는 말이 아닙니다. 그 제목에 당신의 아이디어를 더하여 좀 더 발전된 제목을 만들어내야 합니다.

이런 식으로 평소에 좋은 제목들을 자주 접하다 보면 당신의 감각이 자연스럽게 훈련됩니다. 제목을 만드는 능력이 확실히 향상됩니다.

신뢰와 최고의 명성을 얻으려면

★

제목을 어떻게 정하느냐가 중요하기는 하지만 주의할 것이 있습니다. 어느 정도의 과장이나 자극적인 표현은 인정하더라도 도를 넘거나 빈도가 높으면 역효과를 낼 수 있다는 점입니다. 정치 관련 채널이 그 예가 될 것입니다. "대통령, 이제 망했다" "ㅇㅇㅇ(유명 정치인의 이름), 덜덜덜 떤다" 같은 동영상이 대표적입니다. 실제로 내용을 보면 신문이나 방송에서 이미 보도된 것으로 별 내용도 없습니다. 일종의 선동인 셈이죠.

그러니까 같은 진영(보수 혹은 진보) 사람들은 열광하고 순식간에 구독자 수십만 명을 모으지만 거기까지입니다. 자기네들끼리만 환호하며 이불 속에서 하이킥을 하지만 방송 자체가 양질이라 할 수는 없습니다. 자칫, 양식 있는 사람들이 점점 외면하게 됩니다.

이솝 우화의 '양치기 소년과 늑대' 이야기처럼 몇 번의 거짓말과 뻥튀기는 통할 수 있지만 결국 신뢰를 잃게 됩니다. 신뢰를 잃으면 지속 가능한 유튜브, 선한 영향력을 미치는 것은 어려워집니다.

2~3년 하고 말 것이 아니라면, 떳떳한 제2의 직업으로 지속적인 발전을 원한다면 정직하고 바르게 전진해야 합니다. 대중의 현명함을 믿어야 합니다. 시청자들의 냉정함을 두려워해야 합니다.

'명실상부名實相符'라는 말이 있습니다. 겉포장과 내용이 서로 부합해야 합니다. 제목과 콘텐츠가 맞아떨어져야 합니다. 어느 정도의 포장과 유혹은 당연히 필요합니다. 그러나 어느 수준에서 절제할 것인지 지혜가 필요합니다. 장기적으로 먼 곳을 응시하며 채널의 신뢰를 쌓아야 합니다. 그럼으로써 최고의 명성을 얻는 것, 이것이 궁극적으로 시청자의 마음을 사는 일이요, 채널이 성공하는 길입니다.

섬네일을 멋지게 만드는 요령

★

시청자의 관심을 끄는 또 다른 방법 중 하나는 '섬네일thumbnail'을 잘 만드는 것입니다. 섬네일이란 동영상의 맨 처음에 나오는 견본 이미지입니다. 영화의 포스터나 책의 표지에 해당합니다. 그 이미지 위에 앞에서 다룬 제목을 올리면 섬네일이 완성됩니다. 섬네일은 당연히 시청자의 호기심과 관심을 끄는 역할을 합니다. 아니, 그런 역할을 충분히 할 수 있도록 만들어야 합니다.

대표 이미지, 즉 섬네일은 채널마다 각양각색입니다. 이거야말로 100인 100색입니다. 그것을 보면 세상에는 같은 시각을 갖고 있는 사람은 거의 없다는 생각을 하게 됩니다. 그 정도로 다양합니다.

유명한 사람은 섬네일에 빠짐없이 자신의 모습을 넣기도 합니다. 자신의 인물 사진이나 그림 자체가 대표 이미지요, 사람들의 이목을 끌기 때문입니다. 심지어 섬네일에 아무 설명도 없이 인물 사진만 올리는 사람도 있습니다. 유튜버 '제이플라'가 대표적입니다.

거의 모든 유튜버가 좋은 섬네일을 만들기 위해 머리를 짜냅니다. 어떻게 디자인해야 눈에 확 띌 것인지 궁리합니다. 눈에 확 띄려면 그만큼 자극적인 사진을 쓰거나 디자인이 시선을 끌어야 할 것입니다. 글씨체나 글자 크기, 색상도 그렇게 적용되어야 합니다. 내가 올린 동영상들의 섬네일을 보면 초기의 것과 최근의 것이 확연히 달라진 것을 알 수 있습니다. 그만큼 발전한 거죠.

초기에는 글자도 작고 예쁘게만 하려는 경향이었는데 나중에는 강한 인상을 줄 수 있도록 글씨체도 달라지고 크기도 훨씬 커져서 화면 전체를 꽉 채우는 식이 됐습니다. 당신이 시청자라 생각하고 한번 비교해보시죠(180쪽 참조). 어느 쪽이 시선을 더 끕니까?

섬네일을 만드는 방법은 유튜브에 '섬네일 만드는 법'을 검색하면 많은 동영상을 볼 수 있습니다. 그중에서 당신이 선호하는 방법의 동영상을 선택하여 만들면 됩니다. 나의 경우 처음 배울 때 익힌 방법대로 편집 프로그램을 활용하여 섬네일을 만들었습니다. 그러나 나중에는 후배의 조언에 따라 파워포인트로 만들게 되었습니다. 그것이 훨씬 간편하고 다양하게 만들 수 있는 것 같습니다.

만드는 방법은 우리가 프레젠테이션을 위해 파워포인트로 자료를 만들 때 사용하는 방식 그대로입니다. 적당한 배경에 상징적인 그림이나 사진을 넣고 글자를 조합하여 완성한 후 사진(jpg 파일)으로 저장하여 사용합니다.

〈조관일TV〉 초기의 섬네일(위)과 최근의 섬네일(아래)

　이때 섬네일에 들어갈 배경과 사진은 이미지 데이터베이스로 가장 유명한 '픽사베이Pixabay'에서 구합니다. 픽사베이 홈페이지에 들어가면 상업용으로 써도 무방한 무료 이미지가 엄청 많습니다. 그 밖에도 무료 이미지를 구할 수 있는 사이트가 있지만, 골치 아프게 여기저기 기웃거리지 않고 이것을 활용합니다. 그것만으로도 충분하니까요.

　그리고 때로는 나의 얼굴 사진을 비롯하여 직접 찍은 사진이나 그림을 활용하기도 합니다. 어쨌거나 섬네일을 통해 당신의 디자인 능력이 드러납니다. 멋지게 만들어 시청자의 호응을 이끌어내시기 바랍니다.

파워포인트로 손쉽게 섬네일 만드는 법을 알려주는 다음 동영상을 참고하면 도움이 될 것입니다.

◎ 채널 : 유튜브랩 Youtubelab

◎ 제목 : 포토샵 없어도 썸네일 만들기 가능? 파워포인트로 미리
　　보기 만드는 법

28

시청자를
단골 고객으로 만들려면

동영상을 만들면서 시청자의 호응을 얻어내기 위해 제목을 어떻게 할 것인지, 그리고 섬네일은 어떻게 할 것인지 살펴봤습니다. 이를테면 '포장'을 어떻게 할지에 대한 것입니다. 그러나 아무리 광고 카피가 좋고 선전을 잘하고 견본품이 좋더라도 실제로 상품을 접했을 때 고객의 마음에 들지 않거나 욕구를 충족시키지 못한다면 고객은 멀어집니다. 단골 고객이 되지 못합니다.

유튜브도 마찬가지입니다. 섬네일이 좋아서 채널을 클릭했는데 내용이 빈약하여 기대를 무너뜨리면 채널의 이미지만 나빠집니다. 그러면 등을 돌릴 것은 당연합니다. 물론 일반 상품이나 서비스와는 달리 유튜브는 그 속성상 약간의 MSG(원래는 조미료를 의미했으나 요즘은 방송 등에서의 멘트에 섞이는 거짓, 과장, 왜곡 등을 뜻하는 은어입니다)를 시청자도 인정합니다.

　포장(섬네일)은 화려하여 '명실상부'하지 않더라도 애교로 넘어갑니다. 그러나 명과 실의 격차가 기대치 이상을 벗어나면 그때는 분명 문제가 됩니다. 따라서 시청자의 관심을 유도하고 계속해서 확대하려면 방송할 때마다 다음 질문을 스스로 던지면서 항상 양질의 방송이 되도록 해야 합니다. 그것은 바로 'W·H·A·T'입니다. 이 단어를 하나씩 풀어서 설명하겠습니다.

언제나 점검해야 할 5가지

★

첫째, 'What'이라는 단어 그 자체에 관한 질문입니다.

　시청자가 '무엇(what)'을 원하는지 자문해봐야 합니다. 과연 무엇을 위한 방송인지도 스스로 질문해봐야 합니다. 어떤 콘텐츠인지 냉정하게 따져봐야 합니다. 특히 채널의 정체성을 벗어나는 것은 아닌지, 일관성 있는 주제인지 자문해봐야 합니다.

　어떤 사람은 이것저것 닥치는 대로 주제를 선정하여 방송하기도 하는데 그런 식으로 좋은 방송을 기대할 수는 없습니다. 정체성이 불분명한 채널이 됩니다. 동영상의 주제를 정하고 소재를 넣어 콘티를 만들 때마다 시청자가 원하는 '무엇(what)'에 해당하는지 예민하게 살펴서 그 기대에 맞춰야 합니다.

둘째, 'Wow'입니다.

시청자가 "야(wow)! 대단하다"며 감탄할 수 있는 내용인지, 또는 방송의 진행 방식이나 영상의 수준이 그러한지 스스로 질문해봐야 합니다. 주제는 평범한 것이지만 엄청난 모험이나 실험의 방식으로 하는 채널이 여기에 해당합니다. 기막힌 발상으로 시청자의 감탄을 자아내게 하는 경우를 종종 볼 수 있습니다. 또는 몰래카메라나 마술의 기법이 사용되기도 합니다.

그러나 '감탄(wow)'이라고 해서 꼭 그런 식의 내용을 말하는 것은 아닙니다. 자기계발이나 지식 전달을 콘텐츠로 하여 강의나 해설하는 식으로 동영상을 만들더라도 내용이나 전달 방식이 매우 좋다면 그 역시 'wow'에 해당합니다. 어떤 형태의 채널이든 간에 시청자가 내심 감탄하게끔 동영상을 만들라는 것입니다.

셋째, 'Haha'입니다.

'하하'라고 해서 꼭 웃기거나 유머 코드를 생각할 필요는 없습니다. 재미가 있어야 된다는 말입니다. 진행 방식이 지루하지 않고 내용이 흥미를 유발하며 다음 방송이 기대되게 만들어야 합니다. 물론 간단한 문제는 아닙니다. 나 역시 이것 때문에 머리 싸매고 궁리를 많이 하지만 의도대로 잘 되지 않습니다. 한계를 느낄 때가 많습니다.

그럼에도 'haha'를 마음속에 담고 늘 의식하면서 동영상을 만든다면 생각 없이 만드는 것과 차이가 납니다. 노력을 하면 어딘가에 그 노력이 엿보이게 됩니다. 콘티를 만들 때 'haha'를 기준으로 하여 한 번 더 체크해보는 게 좋습니다.

넷째, 'Aha'입니다.

"아하! 그게 그런 것이었구먼!" 이렇게 깨우침을 줄 수 있는 동영상인지 스스로 물어보라는 말입니다. 시청자가 몰랐던 사실, 새로운 정보가 담겨 있으면 그만큼 흥미를 이끌어낼 수 있을 것입니다. 동영상을 만들 때마다 그런 요소가 포함되어 있는지 자문해보며 콘텐츠를 다듬는다면 아무래도 생각 없이 만드는 것과 다릅니다.

나는 자기계발 관련 채널이기에 이 점에 가장 역점을 둡니다. 그런데 매번 좋은 정보를 만들어낸다는 게 쉬운 일은 아닙니다. 따라서 평범한 내용이라도 어떻게 내 나름의 해석을 통하여 '비범하게' 만들 것인지에 신경을 많이 씁니다.

내 방송을 한번 보시죠. 방송을 보면 별것 아닌 것을 갖고도 시청자들이 기억하기 쉽게 단순한 공식을 만들어 제공하는 경우가 많습니다. 이 방식은 〈조관일TV〉의 특화된 방법이라고 자부합니다. 자기계발이라는 딱딱한(?) 주제를 가지고 1년 반 정도에 10만 구독자를 돌파한 데에는 이 방식이 한몫을 했다고 믿습니다.

시청자로 하여금 "아하!"라는 느낌을 갖게 하려고 무수히 많은 시간을 궁리합니다. 잠 못 이루는 밤도 많습니다. 때로는 3~5글자로 된 공식 하나에 책 1권 분량의 메시지가 들어가기도 하는데, 그 정도 하려면 얼마나 깊이 궁리하겠습니까? 그러다 보니 꿈속에서도 공식을 만드느라 끙끙거릴 때도 있습니다.

이 방식은 시청자의 호기심을 자극할 뿐 아니라 끝까지 동영상을 보도록 유도하는 데도 매우 효과적이어서 시청시간을 늘리는 실익도 있습니다. 때로는 그 공식 자체만으로도 앞에서 말한 wow와 aha를 동시에 이끌어내기도 합니다.

다섯째, 'Time' 또는 'Topic'입니다.

과연 동영상의 시간 계획이 적절한지 스스로 물어봐야죠. 별 재미없는 내용으로 시간을 질질 끄는 것이야말로 시청자를 떠나게 하는 조건의 하나가 됩니다. 또한 토픽, 즉 뚜렷한 화제, 이야깃거리가 그 안에 있느냐의 문제입니다. 속된 말로 '앙꼬 없는 찐빵'이 되어서는 안 됩니다. 방송을 보고 난 후 딱 하나 남는 게 무엇일까 자문해보면서 콘티를 짜고 동영상을 만들어야 합니다.

물론 위의 5가지가 하나의 영상에 모두 들어가기는 어렵습니다. 그것을 목표로 하지만 매 방송에 그 조건을 충족시키기는 거의 불가능합니다. 그럼에도 동영상 계획을 세울 때부터 이 5가지 조건을 스스로 점검하면서 콘티를 짜고 동영상을 만든다면 확실히 수준이 다른 동영상, 시청자가 좋아하는 동영상을 만들 수 있습니다. 그래야 시청자가 자주 들러서 공유하는 단골 고객이 될 수 있습니다.

어떻습니까? 'W·H·A·T'이라는 공식을 만들어서 최초로 공개했는데, 바로 이런 것이 사람들이 기억하기 쉽게 콘텐츠를 공식화하는 것입니다. 이 공식에 동의하는 독자라면 마음속으로 무엇(what)을 배웠는지, 그리고 'wow! haha! aha!'를 외치리라 생각합니다. 아울러 확실한 'topic'까지 챙기고 말입니다.

29

방송 원고, 콘티 짜기와 편집, 그리고 업로드

앞에서 '콘티^{conti}'라는 용어가 여러 번 등장했습니다. 방송 주제와 소재가 결정되고 제목이 확정됐으면 내용을 어떻게 구성할지 계획하는 것, 즉 방송의 얼개를 짜는 것이 바로 '콘티'입니다. 콘티는 콩글리시이고 바른 영어 표현은 'continuity'입니다. 영화나 TV 드라마 등을 촬영하기 위해 각본을 만드는 것이라고 보면 됩니다. 이것은 유튜브에도 그대로 적용됩니다.

단순히 설명하는 식의 채널을 비롯하여 요리 채널처럼 실연을 하거나 키즈 채널처럼 드라마적 요소를 가미한 동영상에 이르기까지 콘티는 필요합니다. 때로는 야외에서 농사를 짓거나 등산을 하는 등 자연스런 일상을 보여주는 채널도 있지만, 어떤 형태로든 콘티가 없으면 촬영과 편집이 뒤엉킬 수 있습니다. 카메라를 여러 대 설치하고 촬영하거나 여러 사람이 등장하는 복잡한 영상일수록 콘티가 제대로 만들어져야 시간과 노력의 낭비를 방지합니다.

여기서는 나처럼 정면을 바라보고 설명하는 식의 동영상 콘티 짜기에 대해서만 다루겠습니다. 복잡한 동영상은 이것을 참고하여 그만큼 더 구체적이고 꼼꼼하게 콘티를 만들면 됩니다. 나의 동영상은 상대적으로 단순하기 때문에 콘티 역시 단순합니다. 무엇을 말해야 하는지 대본(원고)을 만들면 끝입니다. 그러나 이렇게 단순한 동영상이라도 콘티를 만들어 활용하는 데 몇 가지 유용한 팁이 있습니다.

콘티, 그리고 동영상 촬영에 관한 팁

★

첫째, 대본을 토씨 하나까지 세밀히 작성할 필요는 없습니다.

그것은 괜한 노력의 낭비입니다. 원고를 읽어야 하니까 세밀히 만들어야 한다고요? 방송에서 원고를 읽는 행위야말로 가장 재미없는 방송 형식입니다. 원고를 읽게 되면 당연히 부자연스럽습니다. 프로 성우같이 연기를 할 수 있는 능력이 있다면 모르지만요(그런 능력이 있는 사람이라면 더더욱 대본 작성을 하지 않을 것입니다).

때로는 사람이 보이지 않고 자막과 목소리만 나오는 동영상도 있습니다. 그런 채널이라면 어쩔 수 없이 세밀한 원고를 작성해야 하지만, 그렇지 않은 경우라면 줄거리만 가지고 말해야 합니다.

설령 세밀한 원고를 작성했더라도 방송을 할 때는 키워드나 줄거리만 활용하여 말하는 게 좋습니다. 만약 줄거리에 통계 숫자나 외국 인명, 또는 어떤 사람의 어록 등이 있어 암기하기 어렵다면 그 부분만 메모해서 보며 자연스럽게 방송하는 것이 멋집니다.

어떤 사람은 원고를 보면서 하면 말을 잘 못하는 사람 같은 인상을 줄 것이라며 걱정하는데, 유튜브는 아나운서가 하는 뉴스 방송이 아닙니다. 자연스럽게 하는 것, 때로는 좀 버벅거리기도 하는 것, 그것이 유튜브 방송의 특징이요, 매력일 수 있음을 잊지 마시기 바랍니다.

둘째, 콘티를 만든 즉시 동영상 촬영을 하는 게 좋습니다.

세부적인 시나리오와 그것을 간추린 줄거리로 콘티를 만들었다면 '즉시' 촬영에 들어가기를 권합니다. 이것은 경험자만이 아는 동영상 촬영의 유용한 팁입니다.

즉시 촬영을 권하는 이유는 시나리오나 콘티의 잔상이 머리에 남아 있을 때 촬영해야 원고를 일일이 들여다보지 않고도 기억을 되살리며 자연스럽게 할 수 있고 단번에 끝낼 수 있기 때문입니다. 예를 들어, 콘티를 어제 작성해놓고 오늘 촬영하게 되면 다시 그 내용을 들여다보며 숙지해야 합니다. 그러나 콘티를 작성한 즉시 촬영하면 한 방에 끝낼 수 있습니다. 따라서 시나리오나 콘티를 짤 때는 시간을 들이더라도, 동영상 촬영은 콘티가 완성된 즉시 하는 게 좋습니다.

셋째, 동영상 촬영과 관련한 팁입니다.

원고를 그대로 읽는 것이 아니라 줄거리 중심의 콘티를 갖고 하다 보면 아무래도 버벅거리는 부분이 있을 수밖에 없습니다. 더듬기도 하고, 말이 잘못 나갈 수도 있고, 적절치 못한 표현을 할 수도 있습니다. 이는 언변이 뛰어나도 마찬가지입니다.

다른 사람들이 방송하는 것을 보고 '어떻게 더듬거리지도 않고 매끄럽게 방송하지?'라고 생각할지 모릅니다. 그것이 바로 편집의 힘입니다. 거의 모든 사람이 동영상을 단숨에 찍지는 못합니다. 거의 모든 유튜버가 편집으로 버벅거리는 것을 감추고 있을 뿐입니다. 나 역시 마찬가지입니다.

동영상을 촬영하고 편집에 들어가면 여러 가지 문제점이 드러납니다. 부정확한 발음은 애교로 봐줄 수 있지만 아예 단어 자체를 잘못 말한 경우도 있습니다. 그뿐만 아니라 여기저기 마음에 안 드는 부분이 나타납니다. 그러면 당연히 잘라내고 이어 붙이게 됩니다. 한마디로 편집을 하는 거죠.

그런데 그런 부분이 4~5군데 정도면 괜찮지만 10~20군데씩 되면 (실제로는 훨씬 더 많을 수 있습니다) 편집에 소요되는 시간이 장난이 아닙니다. 만약 촬영을 한 방에 끝내서 잘라낼 부분이 없다면 편집은 엄청 쉽습니다. 동영상 앞부분에 섬네일을 붙이고 자막을 깔면 끝이니까요.

그러나 여기저기 잘라내고 조정하고 이어 붙이기를 반복하다 보면 시간이 훌쩍 갑니다. 젊은이라면 능숙하게 하지만, 나이 든 사람이면 정말이지 머리에 쥐가 나고 몸살이 날 수도 있습니다.

그런 경우 10분 내외의 동영상을 촬영하고는 자르고 이어 붙이는 데만 1시간이 훌쩍 소요될 수 있습니다. 따라서 촬영한 것이 마음에 들지 않아 편집할 부분이 많을 것으로 예상되면 차라리 재촬영을 하는 게 훨씬 낫습니다.

편집할 때 1시간 소요될 것이 다시 촬영하면 10분밖에 걸리지 않으니까요. 무엇보다도 재촬영을 하면 조금 전에 촬영한 것이 리허설인 셈이 되어 훨씬 더 잘할 수 있고 매끄럽게 됩니다. 편집할 부분이 대폭 줄어드는 만큼 시간이 덜 들고 육체적·정신적 피로도 덜합니다.

자막과 음악 그리고 업로드

★

어떻습니까? 나의 경험에서 나온 조언이니 도움이 될 것입니다. 이렇게 영상을 잘라내고 이어 붙여 완성한 다음, 앞부분에 섬네일을 붙이고 자막을 삽입하면 동영상이 완성됩니다. 물론 자막을 전혀 넣지 않는 채널도 있지만 가능하다면 자막을 넣는 게 좋습니다.

자막을 넣는 데도 방식이 있습니다. 중요한 부분에만 키워드 중심으로 넣는 방식이 있고, 말하는 전체를 넣는 방식이 있습니다. 나의 경우, 편집 기술이 미숙했을 때는 편집 프로그램을 활용하여 중간중간 키워드 중심의 자막을 삽입했습니다. 그러다가 구독자 10만을 돌파하면서 자동자막 프로그램을 활용해 전체 자막을 넣고 있습니다.

권하건대 처음부터 전체 자막 넣기를 권합니다. 그 기술이 간단한 것인데도 나는 괜히 겁을 먹고 안 했던 겁니다. 또한 중간중간 키워드만 자막을 넣으면 동영상 전체에 자막을 넣는 것보다 시간이 절약될 것이라는 생각에서 그랬는데, 오히려 자동자막 기능을 활용하여 전체 자막을 넣는 것이 스트레스가 적고 시간도 절약됩니다.

그뿐 아니라 자동자막을 넣으면 자막에 사용한 용어가 동영상 검색을 할 때 도움이 된다고 하니 꼭 자동자막 기능을 활용하시기 바랍니다. 자동자막을 넣는 방법은 역시 유튜브에 '자동자막 넣기'를 검색하면 여러 영상이 있습니다. 나는 아래의 동영상으로 배웠는데 그것으로 부족하면 다른 동영상을 몇 개 더 보고 요령을 취합하면 됩니다.

◎ 채널 : 최재봉의 마케팅톡톡
◎ 제목 : 유튜브 자막 10분 만에 넣고 자동실행방법 | 초보 유튜
　　버 실행 꿀팁

나이 든 탓에, 그리고 유튜브를 처음 하게 되면 자꾸 기술적인 부분에 일종의 공포감을 갖습니다. 그러나 오히려 공포감을 물리치고 적극적으로 다가가기 바랍니다. 지나고 보면 아무것도 아닌데 '나중에 해야지' 하며 피하다가 오히려 더 큰 고생을 하게 됩니다.

이렇게 자막을 넣었으면 배경음악을 깔 수도 있는데 이 역시 '무료

음원 다운로드'를 검색하면 간단히 찾을 수 있습니다. 가장 초보적인 방법은 아래의 동영상을 보시면 됩니다. 자막이나 음악을 까는 등의 기술적인 부분은 앞에서 말한 대로 처음에 전문가에게 요령을 배우는 것이 훨씬 쉽겠지만 그러지 못했다면 유튜브에서 배우면 됩니다.

◎ 채널 : 문청야 TV
◎ 제목 : 유튜브 무료음악 다운받는 방법

자, 이렇게 해서 당신이 올릴 최초의 동영상 하나가 완성됐습니다. 여기까지 오느라 정말 수고 많았습니다. 어려웠습니까? 몇 번 해보면 금방 숙달됩니다. 이제 동영상을 당신의 채널에 업로드하면 됩니다. 동영상을 올리는 날짜와 실제로 시청자에게 보이는 날짜는 다를 수 있습니다. 영상을 만든 후 즉각 공개하지 않고 예약을 하면 그렇게 됩니다. 업로드하는 방법 역시 '유튜브 동영상 올리기' 또는 '유튜브 동영상 올리는 법'을 검색하면 됩니다. 여기선 다음 두 채널을 소개합니다.

◎ 채널 : 유튜브랩 Youtubelab
◎ 제목 : 유튜브 영상 업로드 방법 / 유튜브 영상 올리기

◎ 채널 : 노마드클로이
◎ 제목 : 유튜브 영상 올리는 법의 모든 것 + 제목에 키워드 넣기

30

1주일에 몇 번
업로드해야 하나?

'동영상을 1주일에 2편 정도 꾸준히 올릴 것.'

이것이 유튜브 선험자들이 조언하는 업로드의 기준입니다. 어느 정도 규칙성이 있어야 '고객들'이 다음 동영상이 언제 올라올지 알고 그에 맞춰서 시청을 합니다. 그러나 꼭 규칙에 얽매일 필요는 없습니다.

동영상 업로드는 다다익선입니다. 자주 그리고 많이 올릴수록 좋습니다. 실제로 유명 유튜버 상당수가 채널 개설 초기에는 동영상을 매일 업로드하다시피 합니다. 그래야 시청자들의 관심을 끌 수 있고, 누적 동영상이 많아야 이리저리 시청할 테니까요.

나의 경우 구독자 10만 명을 돌파했을 때 계산해보니까 260편 정도의 동영상을 올렸습니다. 1년 6개월로 계산한다면 1주일에 3.3편 꼴입니다. 어떤 때는 매일 올렸고, 적어도 2일 간격으로 동영상을 올렸다는 계산이 됩니다.

동영상 품질에 따른 업로드 주기

★

그러나 1주일에 2~3회가 아니라 2~3주에 1회 정도 업로드하면서도 인기 있는 채널도 있습니다. 대표적인 것이 〈1분과학〉이라는 채널입니다. 이 채널을 꼭 보시기 바랍니다. 영상 제작과 채널 운영 등 많은 영감을 얻을 수 있습니다.

채널 이름은 〈1분과학〉이지만 1분 분량의 동영상은 아닙니다. 여기서 '1분'이란 '간단하다'는 의미로 받아들이면 됩니다. 그러나 간단하다고 정말로 간단하게 여겨서는 안 됩니다. 채널의 수준이 매우 높고, 동영상의 질 역시 훌륭합니다.

사람은 보이지 않고 목소리만 나오고 업로드 빈도도 낮습니다. 수년 동안 올린 동영상이 50여 편에 불과합니다. 그럼에도 구독자는 무려 60만 명이 넘습니다. 여기서 많은 힌트를 얻을 것입니다. 꼭 자극적인 내용이어야 하는 것도 아니고, 오두방정을 떨어야 시청자가 몰리는 것도 아닙니다. 콘텐츠만 좋으면 자주 업로드하지 않아도 얼마든지 좋은 채널이 될 수 있다는 교훈을 줍니다.

그러니까 당신이 어떤 내용으로 어떤 채널을 운용하느냐에 따라 업로드의 빈도 역시 달라질 수 있습니다. 여러모로 고품질의 동영상을 만든다면 당연히 자주 올릴 수가 없습니다. 1편을 만드는 데 시간이 많이 소요될 것이므로 1주일에 한 번 올리기도 바쁩니다.

업로드 빈도와 비례하는 실적

★

일반적으로 업로드 빈도는 실적과 비례한다고 봅니다. 업로드한 영상이 많으면 어쨌거나 그만큼 조회하는 사람이 많을 수밖에 없습니다. 이 영상에 걸리고 저 영상에 걸리니까요. 예컨대 업로드한 영상이 1,000편이라고 합시다. 그러면 한 영상에 하루에 딱 한 사람이 구독 신청을 한다고 해도 하루에 1,000명의 구독자가 발생한다는 계산이 나오지 않습니까.

〈도티TV〉라는 채널을 아십니까? 유명한 인기 채널이죠. '도티'는 방송에도 여러 번 출연하였고 요즘도 종종 얼굴을 볼 수 있습니다. '도티' 나희선 씨는 30대 초반의 젊은이지만 국내 1세대 유튜버입니다. 〈도티TV〉는 2018년 국내 게임 채널로서는 최초로 구독자 200만 명을 넘어선 채널입니다. 얼마 전 그가 신문과 인터뷰한 기사를 봤는데 세상에나! 깜짝 놀랐습니다. 그가 말했습니다.

"올해 초(2019년) 번 아웃이 돼 몇 개월 정도 쉰 적이 있다. 그전까

지 6년 동안 하루도 쉬지 않고 약 3,300개의 영상을 올렸으니 지
친 거다. 휴가도 가본 적이 없다."

"기획·영상·편집·유통·편성을 혼자 다 하니 하루에 3~4시간도
못 잤다. 20분 안팎의 영상이지만, 촬영하고 단순 컷 편집만 하는
데도 몇 시간이 들어갔다."

"스타 유튜버 비결? 6년간 3300개 영상 올려봤나요?", 조선일보, 2019. 12. 21

어떻습니까? 이 정도 되니까 '이 정도 되는' 채널이 되는 겁니다. 인
기 있는 콘텐츠를 갖고도 6년 동안이나 매일 동영상을 올렸다는 데서
깨달음을 얻어야 합니다. 도티의 말을 더 들어보죠. 인기의 비결을 묻
는 질문에 그는 이렇게 대답했습니다.

"계기는 없었다. 스노볼 굴리듯 하루도 빠짐없이 영상을 올리다
보니 알고리즘에 추천할 만한 비디오라고 뜨더라. 유튜브는 누
적형 플랫폼이니까."

그의 말에 중요한 힌트가 있습니다. 유튜브는 '누적형 플랫폼'이라
는 사실입니다. 올라오는 동영상이 많아야 추천을 해주는 알고리즘입
니다. 다시 말해서 가능만 하다면 자주자주 동영상을 올려야 한다는
의미가 됩니다. 그래야 노출이 자주 되고, 그럼으로써 조회수가 늘며
그에 비례하여 구독자가 늘어납니다. 이렇게 해서 총 시청시간이 늘면

당연히 광고 수익도 커지겠죠.

　　너무 힘들다고요? 매월 500만 원의 수입을 올리면 좋겠다는 (이 책의) 목표가 쉬운 일은 아니잖습니까? 연봉 6,000만 원의 어엿한 직업인데요.

5부

채널 관리는
이렇게 한다

★

광고 수익으로
목표를 달성하려면

방송을 계속 발전시키려면 채널 관리를 잘해야 합니다. 유튜브는 결국 시간과 나, 그리고 아이디어와의 싸움입니다. 끈기 있게 꾸준히 하면 시간이 해결해줍니다. 시간과의 싸움이란 결국 자기 자신과의 싸움을 의미합니다. 끈질긴 집념과 인내의 싸움이죠. 그리고 무작정 기다리는 것이 아니라 '무엇이 문제일까?' 스스로 질문하며 그것을 해결할 수 있는 아이디어와 싸우는 것입니다.

31

열심히 하는데
왜 안 뜨죠?

방송을 시작하고 나면 자기 자신이 대견하게 느껴집니다. 드디어 해냈다는 생각에 가슴이 뿌듯합니다. 하기 전에는 엄청 어려울 것으로 생각했는데 별것 아니죠? 여전히 어렵다고요?

이제 마음을 놓아도 됩니다. 동영상을 딱 하나만 제대로 만들어 올리면 그것으로 기술적인 부분은 끝난 것입니다. 이제부터는 계속 반복하는 것이요, 그럴수록 기술이 숙달되어 별 어려움 없이 작업할 수 있습니다. 그야말로 놀이처럼 할 수도 있습니다. 그리고 숙달되는 과정에서 더 수준 높은 방송을 하고 싶다는 욕심이 생기면 그때는 스스로 방법을 터득하면서 할 수 있습니다. 이렇게 프로 유튜버의 길을 가는 것입니다.

그러나 그것으로 모든 게 끝나는 건 당연히 아닙니다. 본격적인 문제는 이제부터입니다. 동영상을 올리는 것이 중요한 게 아니라 방송이 먹혀들어가야 되잖습니까? 인기를 끌어야 한다는 말입니다. 매월 500만 원의 수익이 그냥 얻어지는 게 아니거든요. 그러기에 동영상을 올리고 나면 '얼마나 많은 시청자가 영상을 봤는지', 그리고 '얼마나 많은 시청자가 구독을 눌렀는지'에 신경을 곤두세웁니다. 그러지 말아야지 하면서도 항상 노심초사하게 됩니다. 그것은 유튜버라는 직업의 숙명이기도 합니다.

수익을 내기 위한 최소 기준

★

유튜브를 '놀이 삼아 즐기면서 하라'지만 막상 해보면 그렇게 되기 힘듭니다. 만약 "나는 구독자수 따위에는 관심 없다"고 말하는 유튜버가 있다면 머지않아 그의 채널은 서서히 쇠퇴할 것입니다. 앞에서 끌고 뒤에서 미는 동력이 약하기 때문입니다.

조회수든 구독자수든 또는 댓글이든 간에 시청자의 반응이야말로 유튜브를 계속하게 하는 자극제요, 동력입니다. 또한 그것은 수입의 바탕입니다. 그래서 유튜버는 자연스럽게 '나는 과연 언제 뜨나?' 하는 조급증이 생깁니다. 거의 대부분의 유튜버가 동영상에서 '좋아요'와 '구독' 버튼을 눌러달라고 부탁하는 데서 그 심정을 알 수 있습니다.

유튜브에 광고가 붙고 수익이 발생하려면 최소 기준이 '구독자 1000명, 최근 1년간 시청시간 4,000시간'을 넘어서야 합니다. 조금만 성실하게 노력하면 그 정도는 1년 이내, 아니 몇 달 안에 달성할 수 있습니다. 문제는 그 정도로는 수입이 몇만 원에 불과할 것이라는 사실입니다. 노력의 원가(?)도 나오지 않습니다.

나름 열심히 하느라고 하는데 계속해서 반응이 저조하면 어떻겠습니까? 우선 사기와 의욕이 떨어집니다. 그리고 유튜브를 계속해야 하나, 접어야 하나 고민하게 됩니다. 실제로 유튜브에 도전했다가 중간에 포기하는 사람이 10명 중 8명 정도 된다는 이야기도 들립니다. 그러니까 지금 당신이 보고 있는 여러 채널은 사라지지 않고 살아남은 채널, 일정 수준을 넘어선 채널일 가능성이 높습니다. 그렇지 못한 채널은 유튜브에 거의 보이지 않습니다.

뜨지 못하는 채널의 공통점

★

"나는 열심히 하고 있는데 왜 안 뜨는 거죠?"

이렇게 묻는 사람들이 종종 있습니다. 그런 이의 채널을 점검해보면 당연히 뜨지 않게 운영합니다. 그런 채널들의 공통점이 있습니다. 앞에서 거의 다뤘습니다만, 간략히 정리하면 이렇습니다.

첫째, 콘텐츠가 좋지 않아서입니다.

자기 딴에는 남들에게 절실하게 보여주고 싶은 콘텐츠일지 모르나 남들이 보기에 별 볼 일 없으면 별 볼 일 없게 됩니다. 그러니까 시청자의 입장에서 시청자의 눈으로 당신의 콘텐츠를 냉정히 평가해봐야 합니다. 뼈아프게 반성하면서 콘텐츠를 조절하지 않는 한 인기를 끌기는 불가능합니다. 이럭저럭 1,000명을 넘어서고 수익 창출은 될 수 있지만 각광받는 채널이 되지는 못합니다. 당연히 수입 100만 원도 넘기기 힘듭니다.

둘째, 방송 진행의 문제입니다.

게임이나 요리, 여행 등 다양한 장면을 보여주는 것이라면 그 자체가 경쟁력입니다. 그러나 유튜버가 화면 중심에 딱 자리 잡고 뭔가 설명하는 방식의 채널이라면 절대적으로 유튜버의 진행 능력이 인기 여부를 좌우합니다. 그래서 앞에서 말하는 방식에 대하여 다뤘습니다. 당신의 조건이 방송용(?)으로 부적절하다면 다부지게 훈련을 하거나 차라리 모습을 드러내지 않고 원고를 읽고 자막으로 처리하는 영상을 고려해볼 필요가 있습니다.

셋째, 유튜버의 고집입니다.

콘텐츠부터 진행 방식에 이르기까지 "그렇게 방송하면 곤란하다"고 조언을 해도 면전에서는 듣는 척하지만 실행에 옮기지 않습니다.

어디서 그런 확신이 나오는지 옹고집입니다. 자기 방식이 장땡인 줄 압니다. 뭔가 환상에 빠져 있습니다. "이런 내용이면 충분히 좋은 것 아닙니까?"라며 확신에 찬 말을 할 때는 솔직히 더 이상 조언하고 싶은 마음이 없어집니다.

그렇게 고집에 빠지면 뜨지 못합니다. 당신의 채널이 계속 뜨지 못할 때는 밖에서 원인을 찾는 것 이상으로 당신 자신의 고집 때문은 아닌지 돌아볼 필요가 있습니다.

유튜브 채널은 제3자의 입장에서 좋다 나쁘다 평가하기가 어렵습니다. '이게 될까?' 싶은 콘텐츠나 채널 운영 방식으로도 대박을 터뜨리는 경우가 종종 있으니까 말입니다. 말을 한마디도 하지 않고 그저 자기가 공부하는 모습만 보여주는 채널인데도 인기를 끈 것이 있는가 하면, 두더지를 잡는 동영상 하나로 6개월 만에 누적 조회수 400만 뷰를 넘어섰다는 〈성호육묘장〉 같은 채널도 있습니다. 상식을 뛰어넘는 채널이죠. 상황이 이렇기에 채널의 성공 여부를 함부로 단정 지을 수 없습니다.

따라서 본인이 판단을 잘해야 합니다. 직접적인 조언이나 시청자의 댓글을 경청해야 합니다. 경청이란 받아들이는 것이지 들이받는 것이 아닙니다. 수용하는 것이지 변명하거나 오히려 조언자를 설득하려 해서는 안 됩니다.

유튜브는 단순히 성실하게 열심히 해서만 되는 것이 아닙니다. 인기를 모아 뜨고 싶다면 뜰 만한 조건을 갖춰야 합니다. 시청자의 선택을 받으려면 선택받을 만한 뭔가가 있어야 합니다. 시청자는 절대적입니다. 뜨고 싶다면 첫째도 시청자, 둘째도 시청자, 그리고 셋째도 오직 시청자의 시선과 입맛에 맞춰야 합니다. 그러지 않는 한 머지않아 사라질 수밖에 없습니다.

32

유튜브는 시간과 나,
아이디어와의 싸움

2018년 7월 1일, 첫 번째 동영상을 공개하면서 나는 유튜버라는 직업인이 됐습니다. 다음 날 아침, 반응을 살펴봤는데 20명의 시청자가 구독을 눌러줬습니다. 한편으로는 신기했지만 다른 한편으로는 좀 실망스러웠습니다.

왜 실망이었냐면 '나 자신에 대한 기대감'이 있었기 때문입니다. 즉, 친구가 4,500명에 이르는 페이스북에 내가 유튜브를 시작했다는 소식을 올렸기에 은근히 첫 반응이 좋으리라 기대했던 것입니다. 평소, 어떤 소식을 페이스북에 올리면 '좋아요'로 반응하는 사람이 100~200명 선이었던 것을 감안하면 초라한 성적입니다.

7월 5일, 세 번째 동영상을 올리고 난 후 구독자는 50명이 됐습니다. 5일 만이죠? 그 후 구독자수는 별로 늘지 않았습니다. 구독자 200

명을 돌파한 것이 97일 만인 10월 5일이었으니, 이때까지 1일 평균 2명 정도가 구독을 했다는 말이 됩니다. 속이 타게도 그 속도는 거의 변함이 없어 12월 3일에 겨우 300명을 터치했습니다. 유튜브를 시작한 지 정확히 5개월 3일 만에 말입니다.

휴~! 5개월에 300명. 당연히 지루했습니다. 회의를 느끼기에 충분한 증가세입니다. 내 능력이 이 정도인가 싶었습니다. 40년 동안 책을 그토록 많이 쓰고, 40회 가까운 TV 출연에 토크쇼 MC로도 활동했으며, 수천 회에 걸쳐 강의를 하고, 블로그에 글을 올려 하루에 5,000여 명의 방문자수를 기록하기도 했던 내 자존심이 여지없이 무너져 내렸습니다.

은근히 불안하고 슬펐습니다. '이게 바로 유튜버의 실상이구나' 하는 생각도 들었습니다. 아무래도 판단을 잘못한 것 같다는 느낌이 들고, 심지어 '그만 할까?'라는 생각도 했습니다.

그때마다 문득 떠오른 것은 처음 유튜브를 할 때 봤던 책입니다. 《유튜브의 神》에서 대도서관이 말했습니다. "1년 이내에 성공하는 1인 미디어는 없다" "성공 비결 따지지 말고 딱 1년만 성실하라"라고.

그래 맞다. 책대로 해보자. 나보다 앞서간 사람의 말을 믿어보자. 그렇게 마음을 바꾸며 정말이지 딱 1년만 버텨보려고 했습니다. 만약 그때도 희망이 보이지 않으면 유튜버의 꿈을 접을 생각이었고요.

숙성의 과정이 필요하다

★

이런 과정을 소상히 밝히는 이유가 있습니다. 어떤 사람은 한두 번 동영상을 올리고 폭발적으로 구독자가 늘어 한 달도 안 돼 구독자 10만 명을 달성했다는 등의 신화 같은 이야기를 하지만, 그런 특수한 사례에 마음을 두지 말라는 것입니다. 정치 관련 채널이나 대중에게 워낙 많이 알려진 연예인, 또는 화제의 인물이 운영하는 채널은 그런 일이 일어납니다. 심지어 1~2일 만에 구독자 10만 명을 돌파한 채널도 있습니다. 그러나 거의 대부분의 채널은 초기에 의욕만큼 구독자가 늘지 않습니다.

요즘 유튜브를 시작한 사람들을 보면 1~2개월 사이에 구독자가 400~500명 정도로 느는데도 조급한 마음에 "어떻게 하면 구독자를 빨리 늘릴 수 있냐?"고 나에게 묻습니다. 그럴 때마다 나의 사례를 들려주며 위로합니다. 그리고 덧붙여 말해줍니다.

"유튜브는 시간과 나, 그리고 아이디어와의 싸움"이라고요. 그렇습니다. 지루한 시간과의 싸움입니다. 끈기 있게 꾸준히 하면 시간이 해결해줍니다. 시간과의 싸움이란 결국 자기 자신과의 싸움을 의미합니다. 끈질긴 집념과 인내의 싸움이죠. 그리고 무작정 기다리는 것이 아니라 '무엇이 문제지?' '왜 시청자가 관심을 갖지 않지?'라는 질문을 스스로 던지며 그것을 해결할 수 있는 아이디어와 싸우는 것입니다.

그러기에 끈기가 없고 참을성이 없으면 얼마 못 가서 녹다운됩니다. 제풀에 사라집니다. 아이디어라는 것도 따지고 보면 끈기의 산물입니다. 많은 책들이 창의성을 다루며 발상의 전환이니 순간의 영감이니 말합니다. 하지만 젊은 날 한때 발명에 푹 빠졌던 나의 경험으로 말하건대, 창의성이나 아이디어는 절실한 마음으로 얼마나 몰입해서 끈질기게 생각하느냐에 따라 발동됩니다.

성인군자가 아닌 한 조급한 마음이 일어나는 것을 충분히 이해합니다. 나도 그랬으니까요. 이러다 한번 뜨지도 못하고 사라지는 것 아닌가 하는 조급함과 불안함으로 잠을 이루지 못하는 날도 있었습니다. 그러나 지나고 보니 괜한 조급함이요 불안함이었습니다.

결코 서두르지 마세요. 숙성의 과정이 필요합니다. '노력은 배신하지 않는다'는 말이 있는데 유튜브 역시 그렇습니다. 인내심을 갖고 성실히 노력하면 드디어 때가 옵니다. 빵 터지는 날이 올 것입니다.

33

구독자수에 대한
오해와 진실

많은 이들이 유튜브 방송을 하면 '좋아요'와 '구독' 버튼을 눌러달라고 애원(?)합니다. 말로 하지 않으면 동영상에 자막으로라도 표시합니다. 왜 구독자수에 목매달까요?

유튜브 세계를 잘 모르는 시청자들 중에는 구독 버튼을 누르면 돈이 지불되는 것으로 잘못 알고 있는 이도 있습니다. 구독 버튼을 한 번 누를 때 돈이 몇십 원 정도 지불된다는 가짜 뉴스도 있고요. 뿐만 아니라 구독 버튼을 누르면 자꾸 스팸 문자 같은 것이 와서 귀찮게 하는 것 아니냐는 생각도 합니다. 이래저래 구독 버튼 누르기를 꺼립니다.

어쨌거나 방송을 개시하면 동네방네 알리게 됩니다. 유튜브를 하는 게 대견하기도 하고, 빨리 구독자를 늘리고 싶어서입니다. 블로그나 페이스북 등 SNS 계정에도 홍보합니다. 그리고 만나는 사람마다 "구독 좀 눌러달라"고 애걸합니다. 그러면 마지못해 눌러주기도 합니다. 나 역시 마찬가지였습니다. 그렇게 해야 하는 것으로 알았습니다.

그러나 세월이 지나서 깨쳤습니다. 만나는 사람마다 구독해달라고 구걸할 필요가 없다는 것을.

구독자수에 목매지 말 것

★

첫째, 그런 식으로 늘어나는 구독자는 미미합니다.

나는 강의를 하는 사람이기에 강의를 하다가 청중의 분위기가 괜찮다 싶으면 강의 말미에 슬쩍 유튜버임을 광고합니다. 그리고 "구독해주실 거죠?"라며 간절한 마음을 우스갯소리처럼 말합니다. 그럴 때 "예!"라고 청중이 합창하는 좋은 분위기에서도 강의가 끝난 후 체크해보면 100명 가운데 실제로 구독을 누르는 사람은 5명 내외에 불과합니다.

역시 구독자는 내가 아는 사람들, 대면한 사람들의 수에 따라 별로 증가하지 않습니다. 뭐니 뭐니 해도 당신의 방송을 본 불특정 대중이 호응을 해야 유의미한 숫자가 늘어납니다.

둘째, 억지로 구독자를 늘려봤자 수익에 도움이 안 됩니다.

기본적으로 구독자는 동영상을 본 전국 또는 전 세계의 여러 사람들이 자신이 느낀 유익함에 따라 구독을 해야 충성 고객이 됩니다. 충성 고객이란 수시로 당신의 방송을 잘 봐주는 사람입니다. 말하자면 팬입니다. 그런데 개인적 친분이나 부탁 때문에 억지로 구독한 사람이 충성 고객이 될 까닭이 없습니다. 인연을 생각해서 구독 버튼만 눌러놓았지 그 이후 채널을 보지 않는 경우가 대부분입니다. 그러니 수익과는 별로 관계없는 허수에 불과합니다.

셋째, 구독을 부탁하는 모습이 구차하게 보일 수 있습니다.

이건 생각하기 나름이겠지만 내가 볼 땐 그렇습니다. 자칫하면 만나는 사람마다 구독을 구걸하게 됩니다. 당연히 그동안 쌓았던 좋은 이미지가 흐려질 수 있습니다. 유튜브를 한답시고 남에게 폐를 끼치는 사람이 됩니다. 심지어 어떤 사람은 구독 버튼을 눌러주는 것이 큰 이익을 주는 것처럼 으스대기도 합니다.

문제는 구독이 아니라 시청

★

여기서 두 번째와 관련하여 좀 더 설명할 것이 있습니다. 구독자수는 수익과 별 관계가 없다는 것 말입니다. 사람들은 구독자가 10만 명을 돌파하면 무슨 큰일이 벌어질 것처럼 생각하지만 그렇지 않습니다. 구독자 5만 명일 때보다 한 달 수익이 적을 때도 많습니다.

유튜브의 수익 구조는 어떤 산식으로 되는지 아무도 모릅니다. 광고를 보는 시간, 동영상 시청시간, 조회수, 구독자수 증가, 그리고 국내에서 시청한 것과 해외에서 시청한 것 등을 고려하여 구글 나름의 방식으로 수익을 산출한다는데 정확한 실상은 모릅니다. 아니, 그런 복잡한 것은 생각할 필요도 없습니다. 간단히 말하면 구독자는 수익과 거의 관계가 없는 것 같고, 조회수와 시청시간이 절대적인 영향을 미치는 구조입니다. 얼마나 많이, 오랫동안 시청하느냐가 핵심이라는 말입니다.

그런데 왜 유튜브를 하는 사람들은 구독자수에 목을 맬까요? 우선, 보기에 멋지지 않습니까? 채널이나 동영상의 하단에 나오는 '구독자 10만 명'이라는 숫자를 보면 마치 "내가 10만 명의 팬을 갖고 있는 사람입니다"라고 말하는 듯하죠. 즉, 자기의 영향력을 과시하는 숫자로서 매력적입니다.

실제로 유튜버의 세계에서는 구독자수가 하나의 권력입니다. 유튜버들의 모임에서 구독자수가 적은 사람은 별로 대접받지 못합니다. 구독자수에 따라 구글이 아닌 다른 기업에서 광고를 의뢰하거나 협찬하는 빈도와 단가 역시 높아지기에 구독을 권고하는 것입니다.

결론적으로 구독자가 아니라 조회수를 늘리도록 노력해야 합니다. 그러려면 콘텐츠와 영상의 질에 초점을 맞춰야 합니다. 일반 대중은 매우 현명합니다. 그들은 정확히 좋은 채널, 관심 있는 영상을 감별해

냅니다. 그러니 구독에 대해서는 신경 끄시고(물론 쉬운 일은 아닙니다), 어떻게 하면 좋은 영상을 올릴 것인지 최선을 다하시기 바랍니다.

34

드디어
'그때'가 온다

앞에서 언급했습니다. 유튜브를 시작한 지 5개월 3일 만에 구독자수가 겨우 300명을 터치했다고요. 하루에 고작 2명 정도 느는 것을 보면서 참으로 많은 생각이 떠올랐습니다. 이런 식이라면 10만 명은 고사하고 1만 명을 돌파하는 데 13년 정도는 지나야 된다는 계산이 나옵니다. 그러니 채널을 운영할 의욕이 솟지 않는 것은 당연합니다.

인간의 심리란 참 묘합니다. 직장인들을 대상으로 새해 소망에 대해 설문조사를 해보면 매년 3위 안에 드는 것이 '자기계발'입니다. 최근 2019년과 2020년의 조사 결과는 자기계발이 새해 소망 1위로 '건강'보다도 먼저입니다. 그렇다면 이렇게 생각할 수 있죠. 〈조관일TV〉는 직장인의 자기계발을 돕는 채널이니 당연히 폭발적인 인기가 있어야 한다고 말입니다. 상식적으론 그렇습니다.

그 '상식'과 그동안 50여 권의 자기계발서를 쓴 것을 고려하면 내 채널은 대박이 나야 맞습니다. 그러나 현실은 그렇지 않습니다. 자기계발이 소망인 것과 내 채널을 보는 것은 전혀 별개의 문제인 것입니다.

구독자수와 조회수의 상관관계

★

자, 그러면 어떻게 한다? 시장의 반응에 크게 실망했지만 뾰족한 수가 있는 것도 아닙니다. 자기 상품에 확신이 있다면 기다릴 수밖에요. 세월을 낚는 강태공처럼 말입니다.

어쨌거나 꾸준히 동영상을 올렸습니다. 그렇게 6개월로 접어들면서 슬슬 변화가 일어나는 것을 느꼈습니다. 시청자가 호응하기 시작했습니다. 댓글도 늘고 조회수도 늘면서 구독자수 증가 역시 탄력이 붙기 시작했습니다. 그러고는 드디어 12월 19일에 1,000명을 돌파했습니다. 구독자수가 불과 16일 만에 700명이 늘어난 것입니다. 하루 평균 2명 정도의 증가세에서 36명으로 확실히 달라졌습니다.

1,000명! 이 숫자가 주는 상징성이랄까 그런 게 있습니다. 정말이지 어깨가 으쓱했습니다. 이제 뭔가 될 것 같은 희망을 갖게 됐습니다. 지금 돌아보면 웃기는 장면입니다. 구독자가 많은 유튜버의 눈에는 얼마나 미미한 숫자입니까. 그러나 나로서는 자신감을 갖기에 충분했습

니다. 더욱이 구독자 1,000명은 구글(애드센스)에 광고를 신청할 수 있는 조건의 하나이기에 많든 적든 수익이 발생할 수 있다는 의미여서 신이 났습니다.

그러고는 정확히 10일 후인 12월 29일에 3,000명을 돌파하며 드디어 불이 붙었습니다. 그러니까 1,000명을 돌파한 후에는 하루 평균 200명씩 구독자가 늘어났다는 이야기입니다. 이것은 처음 5개월 동안에 늘어난 전체 구독자수와 맞먹는 증가세입니다. 지루하게 활주로를 달리던 비행기가 이제 이륙을 하려는 것입니다.

이때 깨달은 것이 있습니다. 구독자수는 채널에 들어와 동영상을 조회한 숫자와 일정한 패턴을 유지한다는 사실입니다. 채널에 따라 다르지만 나의 경우는 거의 변함없이 방문자(조회수)의 1%가 구독을 하는 것으로 나타납니다. 즉, 100명이 방문하면 그중 1명이 구독 버튼을 누른다는 계산입니다. 이는 10만 명을 돌파한 지금도 변함없습니다. 시청자의 움직임은 이렇듯 거의 과학의 수준입니다.

빵 터지는 채널이 되기 위한 조건

★

과연 이때 무슨 일이 있었기에 구독자가 갑자기 폭발하게 된 걸까요? 파워 유튜버에게는 '폭발적'이라는 표현이 우스운 스토리가 되겠지만, 처음 유튜브를 시작하려는 당신에게는 좋은 사례가 될 것입니다. 내가 분석한 결과는 이렇습니다. 채널이 빵 터지려면 다음과 같은 조건이 충족되어야 합니다.

첫째, 업로드한 동영상이 쌓여야 합니다.

물의 온도가 섭씨 100도까지 올라가야 끓듯이 유튜브도 비등점이 있습니다. 그 첫 번째 조건은 뭐니 뭐니 해도 동영상이 누적돼야 합니다. 때로는 동영상을 3~4편 정도 올리고도 폭발해버리는 채널이 있습니다. 그러나 그런 채널이라도 그 후 동영상이 계속 이어지지 않으면 금방 추락하고 맙니다. 동영상을 많이 누적하려면 꾸준히 업로드해야 합니다. 얼마나 자주 업로드해야 하는지는 앞에서 이미 설명했습니다. 일단 누적 동영상 수가 많아야 관심을 갖는 시청자도 많아집니다.

둘째, 시청자의 구미를 확 당기는 결정타가 있어야 합니다.

그즈음, 그러니까 2018년 11월부터 12월 사이에 올린 동영상이 시청자의 구미를 확 당겼습니다. 첫 번째에 언급한 대로 동영상을 많이 올리는 것이 양적인 문제라면 이는 질적인 것을 말합니다. 그때로 돌아가볼까요?

아무리 해도 구독자가 늘지 않자 초조해졌습니다. 어떻게 하면 시청자의 구미에 딱 맞는 동영상을 올릴 것인가 하는 생각이 머릿속에 꽉 차 있었습니다. 그렇게 11월을 맞았습니다. 이때 퍼뜩 떠오른 아이디어가 있습니다. 직장생활을 하던 시절을 돌아보니 11월 하순부터 12월 한 달, 그리고 1월까지 계속 이어지는 게 바로 술자리입니다.

지금은 분위기가 많이 바뀌었지만 내가 직장생활을 할 때는 11월 중순을 넘기면 벌써 빠른 송년회가 시작됐습니다. 12월에 들어가면 워낙 많은 송년회가 벌어져 식당 예약도 힘들어지니까 아예 일찌감치 해버리는 겁니다. 그뿐 아니라 12월과 1월은 대부분의 회사에서 인사이동이 이뤄지는 시기입니다. 그러니 송년회, 신년회에 송별회와 환영회까지 겹쳐 술자리가 이어집니다. 무수히 많은 회식이 있습니다. 회식이라면 술자리, 술자리라면 떠오르는 것이 바로 건배입니다. 회식 자리마다 건배사가 빠지지 않습니다.

그래서 유튜브에 건배사, 건배 구호를 검색해봤습니다. 역시나 많은 사람들이 관련 동영상을 올렸더군요. 그것을 몇 편 골라서 봤습니다. 그런데 틈새가 보였습니다. 친구들끼리 건배하는 경우와 직장의 공식적인 행사에서 건배하는 경우가 다른데, 기존의 건배사와 건배 구호는 그것을 구분하지 않았습니다. 단지 어떻게 하면 재미있게 할 것인가에 초점을 맞춘 것이 대부분이었습니다. 전형적인 것이 '진달래' '오바마' 따위의 삼행시 건배 구호입니다.

옳거니! 문제점이 보였습니다. 그래서 경험을 살려 좀 더 품격 있는 건배사부터 친구끼리의 회식에서 사용할 수 있는 건배 구호까지 재미있는 공식을 만들어서 올렸습니다.

예측은 맞아떨어졌습니다. 2018년 11월 12일부터 12월 3일까지 건배사와 건배 구호에 관한 동영상을 3편 올렸는데 조회수가 치솟았습니다. 조금 과장하면 파죽지세였습니다. 그 당시 유튜브에 '건배사' 또는 '건배 구호'를 검색하면 내가 올린 동영상이 1, 2, 3위를 석권할 정도였으니 반응이 어땠는지 상상이 될 것입니다. 역시 뜨려면 시청자의 심리랄까 욕구를 제대로 짚어주는 게 핵심입니다.

셋째, 단 하나로 크게 뜨는 것은 아닙니다.

단순히 건배 관련 동영상 하나만 올렸다고 그런 성과가 나타나지는 않았다고 봅니다. 그동안 올린 60여 편의 동영상에 적게는 수백 명, 많게는 수천 명의 방문자가 있었고, 그중 1%에 해당하는 시청자가 구독을 해주었습니다. 그 사이에 관심을 갖는 시청자가 쌓인 것이라 할수 있습니다. 그렇게 관망하던 중 때맞춰 시기적으로 요긴한 주제인 건배 관련 동영상이 올라오자 "어 괜찮은 채널이구먼"이라며 구독 대열에 대거 참여한 것이라 생각합니다. 그때까지 올린 60여 편의 동영상이 쌓여서 밑바탕이 된 거죠. 그때 느닷없이 서정주 시인의 시구가 떠올랐습니다.

"한 송이 국화꽃을 피우기 위해 봄부터 소쩍새는 그렇게 울었나 보다."

그렇게 한 송이 국화꽃이 피었습니다. 그러나 건배사 관련 동영상에 그쳤다면 늘어나던 구독자수가 어느 시점엔가 슬슬 주저앉았을 것입니다. 아무리 좋은 동영상도 시효가 있거든요. 보통의 동영상이라면

2주 정도 약발이 먹히는 것 같습니다. 물론 매우 인기 있는 동영상은 몇 달 동안 조회가 계속되지만요.

이때 건배사에 덧붙여 또 하나를 떠올렸습니다. 2019년 새해가 다가옴을 인식하고 많은 사람들이 전화보다는 카톡이나 문자 메시지를 보낸다는 점에 착안했습니다. 그리하여 "인사 잘하는 법 – 새해·설인사·성탄절 축하인사 – 카톡·문자 인사법"이라는 긴 제목의 동영상을 올렸습니다. 2018년 12월 16일의 일입니다. 이 또한 예상이 적중하여 10만 회가 훌쩍 넘는 조회수를 기록했습니다.

연말연시에 업로드한 건배 관련 동영상과 새해인사 동영상이 쌍끌이를 하면서 채널에 수많은 사람이 몰려들기 시작했습니다. 드디어 하늘을 향해 힘차게 떠올랐습니다. 이륙에 성공한 것입니다. 유튜브를 시작한 지 6개월쯤의 일입니다.

이 시점은 유튜브를 하는 나에게 상당히 의미 있습니다. 자신감이 붙었을 뿐 아니라 바야흐로 유튜브의 속성을 깨달은 것입니다. 이런 것은 책에서 세밀히 이야기해도 별로 실감이 나지 않을 수 있습니다. 당사자가 되어 이런저런 시행착오와 실패를 경험하면서 머리로, 마음으로 절실히 깨달아야 합니다.

이미 유튜브에 관한 많은 책이 출간됐음에도 내가 또 하나를 추가하는 것은 유튜브의 기술적인 면보다 바로 이런 시행착오와 성공의 경험을 애타는 심정으로 공유하고 싶어서입니다. 유명인으로서 그리고 원래 인기 있는 콘텐츠로 불과 한두 달 사이에 수십만 명의 구독자를 확보한 것이 아니라, 문외한으로서 그리고 자기계발이라는 콘텐츠로 꾸준히 도전하여 희망을 일궈낸 경험을 전하고 싶어서입니다.

그 후 2019년 8월 16일에 구독자 5만 명, 그리고 12월 7일에 대망의 10만 명을 돌파하여 오늘에 이르렀습니다.

35

댓글과 악플에
어떻게 대처할까?

후배 강사에게 유튜브를 해보라고 권했습니다. 그랬더니 그녀의 반응이 이랬습니다.

"정말 하고 싶습니다. 그런데 악플에 시달릴 걸 생각하면 엄두를 못 내겠어요."

그러고는 말을 이었습니다.

"옛날 애인까지 나타나서 폭로하겠다고 하면 어떡해요."

물론 농담이었습니다(정말로 그걸 걱정했는지 알 길은 없습니다만).

적지 않은 사람들이 악플이 무서워서, 아니 더러워서 유튜브를 포기합니다. 그도 그럴 것이, 그녀의 걱정처럼 옛날에 사귀었던 사람이 앙심을 품고 딴지를 거는 경우도 있겠지만, 그보다는 이해관계도 전혀 없는 생면부지의 사람이 댓글로 시비를 걸기 때문입니다. 특히 여성들 중에는 이런 악플이 싫어서 유튜버의 꿈을 포기하는 경우가 적지 않습니다.

사실 여성은 유튜버로서 강점이 있습니다. 페이스북을 하더라도 여성이 등장하면 여기저기서 친구 신청을 하고 별것 아닌 소식에도 '좋아요'를 눌러줍니다(물론 남성들이 그렇게 합니다). 유튜브도 마찬가지입니다. 여성이라면 호기심을 갖고 조회하거나 구독을 더 많이 하는 경향이 있습니다. 이건 성적 호기심이라거나 남녀 차별적 발상이 아니라 '현실'입니다.

이렇게 여성으로서의 강점이 있는 반면에 여성에게는, 특히 젊은 여성에게는 이유 없이 시비를 걸거나 치근덕거리는 사람도 있습니다. 때로는 외모나 목소리로 시비를 겁니다. 저질의 성희롱적 인신공격을 하기도 합니다. 그래서 유튜브를 피하게 되는 거죠.

악플에 지지 않는 법

★

나 같은 경우 젊은 여성이 아님에도 악플에서 자유롭지 못합니다. 격려해주는 호평이 다수지만 가끔 악플이 올라옵니다. 처음 악플을 접했을 때 무척 당황했습니다. 수시로 강조하듯이 나의 채널은 "유튜브계의 EBS"라고 우스갯소리로 자평합니다. 유튜브로 하는 교육방송이라는 의미입니다. '자기계발을 돕는 채널'이라는 설명처럼 나의 동영상은 교육적 내용으로 가득합니다. 꼰대로서의 선의적 걱정과 잔소리가 많습니다. 막말을 해대는 정치방송도 아니고, 섣부른 장난이나 호들갑을 떠는 그런 방송도 아닙니다. 이를테면 건전방송이죠. 그런데도 악플이 있습니다. 잘해보자는 권고인데도 '싫어요' 표시가 따라 붙습니다.

어떤 사람은 "당신이나 그렇게 살라"고 일갈해대는가 하면 "쓸데없는 잔소리 마라"고 때립니다. 그런 정도는 그러려니 합니다. 그러나 난데없이 "재수 없는 놈"이라든가 "생긴 게 뭐 그러냐"는 등의 인신공격을 받으면 황당합니다. 이 나이에 "이놈 저놈" 따위의 욕을 먹으며 이런 일을 해야 하는가 회의할 때도 있습니다.

제3자로서는 "그까짓 악플에 뭐하러 신경 쓰냐"고 합니다. 악플을 당해보지 않은 사람은 그 심정을 이해하기 힘듭니다. 오죽하면 악플 때문에 아까운 젊은이가, 앞길이 창창하고 이미 스타덤에 올라선 유명 연예인이 자살을 하겠습니까. 마음 약한 사람은 악플이라고 하기에는 별것 아닌 내용, 그저 약간 부정적인 댓글만 봐도 마음이 서늘해집니다. 하물며 심한 악플에 직면하면 몇 시간 혹은 며칠씩 기분이 나쁩니다. 의욕이 사라지고 심지어 때려치울까도 생각하게 됩니다.

그러나 생각을 바꿨습니다. 몇 사람 때문에 때려치운다면 결국 그들에게 굴복하는 거죠. 악플을 단 사람은 지금 내가 어떻게 속을 썩이는지 모르고 있는데 나만 댓글을 잊지 못하고 전전긍긍한다면 바보가 되는 것입니다.

자영업으로 장사를 해도 얼마나 많이 진상 고객들에게 시달립니까? 유튜버라는 직업상 어쩔 수 없이 진상 고객에게 좀 시달릴 수 있다고 생각하니 마음이 편해졌습니다.

세상엔 별별 사람이 다 있습니다. 공자를 욕하는 사람도 있고, 예수나 석가모니를 욕하는 사람도 있습니다. 대통령이 되면 국민의 49%에게 욕을 먹습니다.

악플, 정말이지 신경 쓰지 마세요. 어느 골방에서 사사건건 부정적인 생각을 하며 악플이나 달고 있는 그 사람의 처지가 오죽하겠습니까. 그렇게 생각하시면 됩니다. 훨씬 더 많은, 아니 거의 대부분의 사람이 당신을 응원한다고 보면 됩니다. 다만 응원의 표시를 하지 않고 침묵할 뿐입니다. 선의로 응원하는 시청자를 보고 유튜브를 하는 것이지 시비를 거는 사람을 위해 채널을 운영하는 것은 아니지 않습니까?

악플은 강한 멘탈을 만드는 훈련

★

악플에는 무대응이 상책입니다. '욱' 하고 대응하지 마세요. 그러면 악플러는 재미를 느낍니다. 댓글을 보고 조목조목 반박하면 싸움이 길어집니다. 생각이 다른 사람과의 논쟁은 아예 피하는 게 좋습니다. 말을 섞지 않는 게 장땡입니다.

어떤 사람은 악플에 악플로 대처하는 경우도 있는데 절대 금물입니다. 왜냐하면 댓글은 그 악플러만 보는 게 아닙니다. 다른 시청자도 보게 됩니다. 그러면 악플러에 대한 나쁜 인상과 더불어 유튜버의 속 좁은 대응에 실망하게 됩니다. 자칫하면 악플러와 의견이 같은 다른 사람까지 가세하여 싸움이 커질 수 있고 공격을 받을 수 있습니다.

나는 민망한 욕지거리로 내 채널을 지저분하게 만든다고 생각하지 않는 한 악플을 지우지 않고 그대로 둡니다. 왜냐하면 악플러가 자기의 댓글에 사람들이 어떤 반응을 보이는지 가끔 들여다볼 것이기 때문입니다. 그럴 때마다 자기가 어떤 사람인지 깨닫게 될 수도 있다는 믿음 때문입니다.

흥미로운 사실은요, 처음에는 신경 쓰이던 악플이 언제부터인가 아무렇지도 않게 다가온다는 점입니다. 그만큼 무덤덤해진 것이고, 좋게 말하면 멘탈이 강해진 거죠. 악플에 초연하세요. 아니, 멘탈을 강하게 훈련하는 기회라 생각하시면 됩니다.

그러나 아무리 노력해도 신경이 쓰이고 악플 때문에 삶이 흔들린다면 그런 사람을 위해 구글은 좋은 장치를 마련해놨습니다. 댓글 자체를 달 수 없는 장치 말입니다. 그것을 활용하면 걱정 끝이죠. 단, 시청자들의 귀한 의견을 듣고 소통하는 기회 역시 사라지겠지만요.

영화 〈겨울왕국〉의 주제가 '렛 잇 고Let it go'에 이런 구절이 있습니다.

Let it go, let it go (다 잊어, 다 잊어)

Turn away and slam the door (뒤돌아서서 문을 닫아버려)

I don't care what they're going to say (그들이 뭐라고 하든 상관없어)

맞습니다. 잊으세요. 쓸데없는 소리에는 문을 닫고 누가 뭐라든 상관하지 말고 당신의 길을 가시면 됩니다.

댓글을 발전적으로 활용하기

★

댓글에는 악플만 있는 게 아닙니다. 점잖게 비판하는 사람부터 전폭적으로 지지하는 사람에 이르기까지 다양합니다. 그러니까 댓글이야말로 일종의 '심사평'이라 할 수 있습니다. 내 동영상에 대한 심사평을 악플에만 초점을 맞추면 속상하지만, 건전한 비판과 긍정의 댓글에 초점을 맞추면 소중한 정보원, 아이디어의 샘이 될 수 있습니다.

댓글은 시청자와 소통하는 창구이자 인기와 관심의 척도입니다. 그러기 때문에 답글을 달아주는 것이 매너인 줄 알지만 실제로 채널을 운영해보면 간단한 문제가 아닙니다. 바쁘기도 하고 일일이 신경 쓰기도 힘들고, 때로는 며칠 동안 댓글을 보지 않은 사이에 그냥 지나쳐서 놓치기도 합니다. 일일이 답글을 올리지 못한 점, 이 지면을 빌려 변명과 사과의 말씀을 전합니다.

어쨌거나, 악플이든 선플이든 댓글을 유튜브 발전의 동력으로 삼기를 권합니다. 때로는 인간적 성숙함을 이끄는 계기로 삼을 수도 있습니다. 아무쪼록 댓글을 통해 한 단계 더 발전하시기 바랍니다.

36

드디어
수익이 발생하다

유튜브 채널을 어느 정도 운영하다 보면 자연스럽게 '구독자 1,000명, 시청시간 4,000시간'을 생각하게 됩니다. 그것이 광고를 올려 수익이 발생하는 최소한의 조건이기 때문입니다. 나의 경우 2018년 12월 19일, 그러니까 유튜브를 시작한 지 6개월이 가까워가는 172일 만에 그 조건을 충족했습니다. '애드센스'에 광고 신청을 할 자격이 됐지만 왠지 쑥스러웠습니다. 이런 추세로 광고가 실려봤자 수익이 몇 푼이나 되겠냐는 생각에서입니다.

그렇게 광고 신청을 미적거리다 구독자수가 갑자기 크게 늘어나면서 드디어 신청을 했습니다. 2019년 1월 6일, 구독자수가 4,600명을 돌파한 다음 날이었습니다. 그리고 5일 후인 1월 12일 '애드센스'로부터 광고 승인이 떨어지면서 본격적인 수익 창출에 나섰습니다.

'애드센스'에 광고 신청을 하는 절차는 꽤 복잡했습니다. 지나고 보면 별것 아닌데 아마도 나이 탓일 것입니다. 젊은 사람들은 쉽게 한다던데 이것저것 절차가 까다롭게 느껴졌습니다.

유튜브를 해보면 알겠지만 그럴 때 참 답답합니다. 웬만한 것은 유튜브에 친절하게 정보를 올려주는 사람들이 있지만 때로는 그 영상으로 해결하기 어려운 미세한 부분이 있습니다. 설령 주위에 광고 신청을 하여 수익을 내고 있는 경험자가 있더라도 막상 절차를 물어보면 금방 대답하지 못합니다. 왜냐하면 평생에 딱 한 번 해본 절차이다 보니 세밀히 기억하지 못하기 때문입니다. 그럴 때 돌아오는 대답은 한결같습니다.

"유튜브를 검색해보면 상세한 설명이 있습니다."

수익 신청하는 요령

★

그렇습니다. 강조하지만 어려운 문제에 봉착했을 때는 그것을 해결해주는 '친구'가 유튜브입니다. 그곳에 해결책이 있습니다. 그러니 두려워하지 마세요. 앞서간 선배들이 친절하게 도와주니까요. 설명을 이해하기 힘들 때는 보고 또 보세요. 또는 다른 영상으로 보완하면 '정답'이 나옵니다.

수익 신청도 마찬가지입니다. 유튜브에 '애드센스 수익 받는 법' '유튜브 수익 받는 법' 등을 검색하면 그 요령에 관한 동영상이 수두룩하게 나옵니다. 나는 아래의 동영상을 참고했습니다. 동영상을 보며 절차를 하나씩 메모하여 그 순서에 따라 외환 통장을 만들고 수익 신청을 하면 됩니다.

◎ 채널 : 유튜브랩 Youtubelab

◎ 제목 : 애드센스 연결하기 | 유튜브 수익창출 방법

'애드센스'로부터 첫 수익금이 통장으로 입금된 날은 유튜브를 시작한 지 9개월 만인 2019년 4월 4일이었습니다. 금액은 1,170달러. 신기하기도 하고 대견스럽기도 하고 기쁘기도 했습니다. 그 후로는 1개월 동안 발생한 수익금이 다음달 22일에 국내 금융기관의 외환 통장에 달러로 입금됩니다.

그때부터 매달 22일이 기다려지는 것은 당연합니다. 이를테면 월급날입니다. 이로써 혼자 힘으로 제2의 직업이 만들어졌습니다. 혼자 기획하고 촬영하고 편집하고 업로드하면서 말입니다.

"칭찬은 고래도 춤추게 한다"지만 '수입'이야말로 유튜버를 춤추게 합니다. 적든 많든 돈의 위력은 대단합니다. 수입이 발생하자 동영상을 만드는 일에 활력이 붙었습니다. 더 열심히 아이디어를 짜내고 더 좋은 동영상을 찍어 올리려 애를 씁니다. 그리하여 첫 소득이 발생한 지 4개월 만인 7월 31일, 구독자 4만 3,185명에 월 소득 500만 원을 달성했습

니다. 4,592달러가 8월 22일에 입금됐습니다.

제2직업 유튜버는 프로의 세계

★

여기서 잊지 말아야 할 것이 있습니다. 첫 수익이 발생한 후 계속해서 구독자가 늘었지만 수익은 결코 그것에 비례하지 않는다는 사실입니다. 아무리 구독자가 많아도 동영상이 인기 없이 시들하면 가차 없이 수익금이 내리꽂힙니다. 앞에서 밝힌 대로 구독자 10만 명을 넘겼지만 구독자 5만 명일 때보다 한 달 수익이 적을 때도 많습니다. 구글의 머리는 비상합니다. 끊임없이 노력하게 만드는 거죠.

유튜브라는 직장은 보수적인 기존의 직장처럼, 때가 되면 승진하고 자연히 연봉이 올라가는 구조가 아닙니다. 엄격한 실적에 따라 연봉이 달라지는 프로의 세계입니다. 실적(조회수)이 나쁘면 수입이 곤두박질칩니다. 아무리 유명한 유튜버라도 자만하여 게을리하면 예외가 없습니다.

그러니까 유튜버들이 목표 수입을 달성하기 위해 머리 싸매고 덤비게 됩니다. 이것이 유튜브라는 직장의 특성이요, 수익 구조의 메커니즘이라 할 수 있습니다.

흥미로운 것은 구독자 1,000명이 넘으면 구글 측에 광고 게재를 신청하고 수익이 발생하게 되지만, 나의 경우 구독자가 5만 명이 넘으면서부터 우리나라 기업 여기저기서 광고 의뢰나 협찬이 들어왔다는 것입니다.

광고 단가는 구독자 5만 명일 때와 10만 명일 때 당연히 달라집니다. 또한 동영상마다 '평균 조회수가 얼마나 되느냐'와도 관계있습니다. 상세한 조건은 기업 측과 협의하면 됩니다.

내 채널은 자기계발과 관련된 것이어서 광고 의뢰나 협찬이 출판사 정도 아닐까 예상했는데 기업의 시각은 달랐습니다. 몸에 좋다는 약이나 건강식품 관련 회사에서도 요청을 하고, 심지어 호텔, 리조트 같은 곳에서도 제의가 들어옵니다. 채널의 이미지나 신뢰성과 관련이 있어서 아직은 조심스럽게 상의하고 있는데, 어쨌거나 그것이 활성화하면 그런 수입도 괜찮을 것입니다. 앞서간 사람들의 이야기에 따르면, 구글에서 지급하는 수익보다 그쪽이 훨씬 더 짭짤하다고 하는데 아직 맛을 못 봤네요.

어떻습니까? 이 정도면 제2의 직업으로 괜찮지 않습니까? 요즘 젊은이는 젊은이대로, 나이 든 이는 또 그들대로 미래에 대한 불안함으로 잠을 설칩니다. 젊은이는 언제 닥칠지 모를 '비자발적 퇴직'에 고민이 많으며, 나이 든 이는 100세 시대가 재앙이라는 현실에 잠을 못 이룹니다. 그것의 핵심은 결국 돈의 문제입니다.

그런 의미에서 제2직업을 모색하는 것은 당연한 일이며, 그 하나로 유튜브를 선택하는 것이 현실적인 방안이 될 수 있습니다. 노후 준비가 완벽히 끝난 사람이라면 소득 여하를 떠나 흥미로운 소일거리를 갖는다는 차원에서도 좋습니다. 선택은 당신의 몫입니다.

37

지속 가능한 발전과
유튜브의 윤리성

지금까지 나의 경험을 바탕으로 '매월 500만 원 수익을 올리는 제2직업 만들기'에 대하여 조언했습니다. 그러나 그것으로 끝나는 것은 아닙니다. 아무리 좋은 직장을 구하고 월급이 많다 하더라도 지속적인 발전을 꾀하려면 마지막으로 넘어야 할 조건이 있습니다. 바로 윤리입니다.

직업에는 직업윤리가 있듯이 유튜버에게도 당연히 지켜야 할 윤리적 선이 있습니다. 그중 하나는 세상에 해악을 끼치는 유튜버가 돼서는 안 된다는 것입니다. 음란물이나 거짓, 잘못된 정보를 동영상에 담아낸다면 해악을 끼치는 것은 물론 범죄가 될 수도 있습니다. 경우에 따라서는 구글에서 가차 없이 채널(계정)을 없애버려 모든 노력이 수포로 돌아갑니다.

얼마 전 100세의 철학자 김형석 교수님의 칼럼을 보고 놀랐습니다. 누군가 그분의 이름을 팔아 동영상을 퍼뜨린 거죠. 유튜브에 '국민에게 고함 – 김형석'이라는 글이 올라왔는데 교수님의 지인이 알려줘서 알게 됐다며 씁쓸해하셨습니다. 나도 찾아봤더니 이미 삭제된 뒤였지만 그 내용을 믿고 퍼 나른 동영상은 남아 있었습니다.

특히 요즘 정치적 선동에 앞장서는 몇몇 채널은 가짜 뉴스 또는 허황한 내용을 팩트인 양 퍼뜨리고 있습니다. 그렇다면 과연 왜 유튜브를 하느냐는 근본적인 질문에 봉착합니다. 그로 인하여 얼마간의 영향력을 얻고 수익을 올릴지는 몰라도 인간적인 몰락과 인생의 초라함은 감수해야 합니다. 조금 멀리 본다면 그런 식으로 방송할 수는 없습니다.

야바위꾼이 되지 말 것

★

또 하나 조언하고 싶은 것은 결코 야바위꾼이 되지 말라는 것입니다. 유튜브를 하다 보면 앞서 나간 비슷한 콘텐츠의 채널을 흉내 낼 수 있습니다. 그런데 벤치마킹이나 적절한 흉내의 범위를 넘어 다른 사람의 동영상 제목은 물론이고 내용까지 훔치는 것을 종종 발견합니다. 한두 번이라면 그럴 수 있다고 이해합니다. 그러나 상습적이라면 이는 유튜버가 아니라 야바위꾼이죠. 아니, 범죄나 마찬가지입니다. 그렇게 해서 이름이 난들 무엇하며, 수익을 올린다면 이는 마치 불량상품이나 짝퉁으로 장사하는 사람과 진배없습니다.

모든 직업이 다 그렇듯이 직업 모럴이 있어야 합니다. 어떻게 세상에 선한 영향력을 미칠 것인지 고민해야 합니다. 어떻게 하여 재미와 의미 그리고 보람을 찾을 것인지 궁리해야 합니다. 더불어, 앞으로 어떻게 더 발전시킬 것인지 비전과 목표가 있어야 합니다.

그런 의미에서, 이제 10만 구독자를 돌파함으로써 기대했던 목표를 달성한 나는 앞으로 어떻게 변화할 것인지 고민하고 있습니다. 내 채널의 방송 방식은 서재에 앉아 강의하는 식인데 이제 슬슬 변화를 주려고 합니다. 야외촬영의 횟수도 늘리고 다른 사람과의 대담이나 인터뷰를 통하여 좀 더 활기찬 방송을 하고 싶습니다. 그렇게 진화를 모색할 것입니다.

또한 콘텐츠의 변화도 생각하고 있습니다. 인기 있는 TV 예능 중에 〈나 혼자 산다〉라는 프로그램이 있습니다. 어느 날 그 방송에서 만화가 '기안84'가 그림 그리는 모습을 봤습니다. 저게 뭐지? 그가 디지털 기기로 그림 그리는 것을 얼른 휴대폰으로 찍었습니다. 그러고는 그런 장비를 파는 곳이 서울 용산에 있다는 것을 인터넷 검색으로 알아냈습니다. 그길로 달려가 150만 원 정도의 거금을 들여 장비를 들여놨습니다. 앞으로는 그림을 그리는 것과 유튜브 방송을 연결해보고 싶어서입니다.

이런 것들이 뜻대로 될지는 모르지만 더 발전시키려는 의욕과 도전하려는 마음이 있는 한 아직 늦지 않았다고 생각합니다.

보람과 행복의 원천이 되도록

★

2년 가까이 채널을 운영하다 보니까 이제 뭔가 보이기 시작합니다. 무슨 콘텐츠로 방송할지 엄두를 못 내는 사람들과 이야기를 나누다 보면 "당신은 이런 채널을 운영하면 되겠다"고 조언할 만큼 다양한 것이 눈에 들어옵니다. 그만큼 안목과 감각이 커졌다는 의미겠죠. 그러다 보니 자기계발 채널 〈조관일TV〉에서 한 걸음 더 나아가 새로운 콘텐츠로 제2의 채널을 운용하는 것은 어떨지도 고려하고 있습니다.

아마도 젊은 나이였다면 금방 치고 나갔을 것입니다. 그러나 70대라는 나이를 의식하지 않을 수 없습니다. 100세 시대라지만 아무나 김형석 교수님처럼 되는 것은 아니며, 누구나 송해 선생님처럼 되는 것은 아닙니다.

절대 과욕이나 노욕이 되지 않으려 애쓰고 있습니다. 인간의 욕심이란 참 묘한 것이요, 끝이 없는 것 같습니다. 채널 운영 초기에 하루 평균 1~2명의 구독자가 늘던 때, 아침에 눈을 뜨자마자 휴대폰을 들여다보고 간밤에 구독자가 5명 늘었으면 아내와 나는 "와! 5명이나 늘었네"라고 환호하며 행복해했습니다. 정말 그랬습니다. 그런데 요즘은 하루에 500명이 늘어도 "왜 1,000명쯤 안 늘지?"라며 욕심을 냅니다. 그때마다 스스로를 타이릅니다. 욕심을 버리자고, 이제는 유튜브 자체를 즐기자고 말입니다.

세상에 선한 영향력을 미치겠다는 선한 생각으로 즐겁게 하겠습니다. 그러면 그때는 유튜브가 수입의 원천이 아니라 보람과 행복의 원천이 될 것입니다. 희망찬 노후를 위한 흥미로운 일거리가 될 것입니다. 그런 마음으로 내일도 좋은 동영상을 만드는 데 정성을 다하겠습니다.

멋진 크리에이터가 되길
응원하면서

원고를 탈고한 지금, '코로나19'가 우리나라를 강타하고 있습니다. 2차 세계대전 이후 최대의 위기라는 말이 실감날 정도로 세상을 바짝 긴장시키고 있습니다.

정부에서 '사회적 거리두기'를 강조하니 경제활동이 위축되고 항공사를 비롯한 대기업에서조차 대량 해고 사태가 예고되고 있습니다. 나 같은 산업 강사들도 예외가 아닙니다. 치명적 타격을 입고 있습니다. 모든 강의가 취소됐으니까요. 그러니 수입 역시 뚝 끊어져 제로 상태가 됩니다.

"외출을 자제하라" "사회적 거리두기를 하라"는 방역당국의 메시지에 겁을 먹고 집에 틀어박혀 있으니 자연스레 유튜브 방송에 올인하게 됩니다. 그런 나를 보고 아내가 이런 농담을 했습니다.

"유튜브는 전천후 직장이네요."

직업으로서 유튜버의 강점을 또 하나 발견했습니다.

나의 유튜브 10만 구독자 돌파와 수입 500만 원 달성(애초에 500만 원을 목표로 잡고 시작한 것은 아니지만 그렇게 됐습니다)에 관한 535일간의 스토리는 여기까지입니다. 사실 유튜브에 관한 나의 이야기는 이미 인기 유튜버가 된 사람에게는 별 소용이 없습니다. 여기에 밝힌 조언과 권고가 상식이 됐거나 때로는 유치한 수준일 수도 있으니까요.

그러나 소위 시니어에 해당되는 사람, 유튜브라면 괜히 겁을 먹는 사람, 또는 젊은이라도 어떻게 유튜브를 해야 할지 엄두를 못 내는 사람에게는 매우 의미 있고 큰 도움이 될 거라 확신합니다. 아마 당신이 앞으로 유튜브에 익숙해지면 이 책의 조언과 권고가 추억같이 생각될 것입니다. 아무쪼록 조속히 그렇게 되기를 응원합니다.

유튜브를 하는 과정에서 여러 번 고비를 넘겼습니다. 편집 프로그램이 작동을 안 하고 멈춰 설 때는 가슴이 철렁합니다. 어디서부터 문제를 해결해야 할지 캄캄하기도 했습니다. 유튜브를 하는 사람이 많다지만 막상 상의할 사람을 주위에서 찾기란 의외로 어렵습니다.

강의를 할 때 이런 우스갯소리를 합니다.

"여러분, 유튜브가 그토록 유행이고 엄청난 유튜버가 많다지만 실제로 10만 구독자를 넘긴 유튜버를 실물로 보는 것은 처음이죠?"

청중은 그렇다며 박장대소합니다. 그렇습니다. 사람이 많은 것 같아도 없습니다. 당신이 난관에 봉착했을 때 즉각 도움을 줄 수 있는 사람이 옆에 있다면 행운입니다. 설령 그렇더라도 근본적으로 당신 스스로 문제를 해결하며 전진해야 합니다.

앞으로 혼자서 외로운 길을 걷게 될 것입니다. 기술적 장애에 가슴이 답답해지는 스트레스를 겪을 것입니다. 어떻게 해야 좋을지 몰라 유튜브에 검색해보지만 명쾌한 맞춤형 해결책을 찾기가 어려울 때도 많습니다. 그럴 때마다 나는 이렇게 소리치며 스트레스를 풀고 동시에 장벽을 헤쳐 나갔습니다.

"어느 놈은 이런 프로그램을 발명까지 했는데, 내가 이것을 해독도 못 하랴!"

훌륭한 프로그램을 발명한 사람을 '어느 놈'이라고 욕해서 미안합니다. 허공에 욕을 하는 것은 스트레스 해소에 참 좋다는 것을 유튜브를 하면서 배웠습니다. 그렇습니다. 당신은 당신의 방식으로 유튜브가 주는 중압감과 스트레스를 잘 해결하면서 앞으로 나가야 합니다. 유튜브가 수입 면에서뿐만 아니라 여러 면에서 당신을 발전시키는 터전이 되기를 바랍니다. 그러면 머지않아 참 좋은 채널을 운영하며 보람과 행복을 만끽하는 멋진 크리에이터, 당신 자신을 발견하게 될 것입니다.

건승을 빕니다.

유튜브로 놀면서
매달 500만원만 벌면 좋겠다

2020년 7월 20일 초판 1쇄 발행

지은이 · 조관일
펴낸이 · 김상현, 최세현 | 경영고문 · 박시형

편집인 · 정법안
책임편집 · 손현미 | 디자인 · 최윤선, 정효진
마케팅 · 양근모, 권금숙, 양봉호, 임지윤, 조히라, 유미정
경영지원 · 김현우, 문경국 | 해외기획 · 우정민, 배혜림 | 디지털콘텐츠 · 김명래

펴낸곳 · (주)쌤앤파커스 | 출판신고 · 2006년 9월 25일 제406 - 2006 - 000210호
주소 · 서울시 마포구 월드컵북로 396 누리꿈스퀘어 비즈니스타워 18층
전화 · 02 - 6712 - 9800 | 팩스 · 02 - 6712 - 9810 | 이메일 · info@smpk.kr

ⓒ 조관일(저작권자와 맺은 특약에 따라 검인을 생략합니다)
ISBN 979-11-6534-201-2 (03320)

• 이 책은 저작권법에 따라 보호받는 저작물이므로 무단전재와 무단복제를 금지하며, 이 책 내용의 전부 또는 일부를 이용하려면 반드시 저작권자와 ㈜쌤앤파커스의 서면동의를 받아야 합니다.
• 이 책의 국립중앙도서관 출판시도서목록은 서지정보유통지원시스템 홈페이지(http://seoji.nl.go.kr)와 국가자료공동목록시스템(http://www.nl.go.kr/kolisnet)에서 이용하실 수 있습니다. (CIP제어번호: CIP2020028236)
• 잘못된 책은 구입하신 서점에서 바꿔드립니다. • 책값은 뒤표지에 있습니다.

쌤앤파커스(Sam&Parkers)는 독자 여러분의 책에 관한 아이디어와 원고 투고를 설레는 마음으로 기다리고 있습니다. 책으로 엮기를 원하는 아이디어가 있으신 분은 이메일 book@smpk.kr로 간단한 개요와 취지, 연락처 등을 보내주세요. 머뭇거리지 말고 문을 두드리세요. 길이 열립니다.